图书馆精选文丛

历史哲学教程

翦伯赞 著

Copyright © 2021 by SDX Joint Publishing Company.
All Rights Reserved.

本作品版权由生活・读书・新知三联书店所有。
未经许可，不得翻印。

图书在版编目（CIP）数据

历史哲学教程／翦伯赞著．—北京：生活・读书・新知三联书店，2021.1
（图书馆精选文丛）
ISBN 978-7-108-06996-2

Ⅰ.①历… Ⅱ.①翦… Ⅲ.①历史哲学-教材 Ⅳ.①K01

中国版本图书馆 CIP 数据核字（2020）第 219544 号

责任编辑　朱利国　马　翀
装帧设计　刘　洋
责任印制　肖洁茹
出版发行　生活・讀書・新知 三联书店
　　　　　（北京市东城区美术馆东街 22 号 100010）
网　　址　www.sdxjpc.com
经　　销　新华书店
印　　刷　北京市松源印刷有限公司
版　　次　2021 年 1 月北京第 1 版
　　　　　2021 年 1 月北京第 1 次印刷
开　　本　880 毫米 × 1230 毫米　1/32　印张 12.5
印　　数　0,001-6,000 册
定　　价　39.00 元

（印装查询：01064002715；邮购查询：01084010542）

写在前面

本书以二十世纪三四十年代之交的中国社会性质问题大论战为背景，以马恩列斯的历史唯物主义和辩证法为指导思想，批驳了胡适、陶希圣、李季在中国社会性质问题上的谬误，也指出了郭沫若、吕振羽认识上的不足，阐明了中国半殖民地半封建的社会性质，初步建立了中国马克思主义历史学体系。

本书写作时期正处于抗日战争时期，当时中华民族已经站在世界史的前锋，充任了世界史转化的动力。作者之所以特别提出历史哲学的问题，是因为除去必须从实践的基础上，还必须要依从了正确的方法论，然后才能开始把握和理解其正确性，以正确的活的历史原理，使主观的努力与客观情势的发展相互适应，才能争取这一伟大的历史胜利。正是基于这种时代需求，本书由新知书店于1938年8月出版后反响强烈，翌年3月即再版，后又于1946年2月、1947年10月发行了第三、第四版。

翦伯赞（1898—1968），维吾尔族，湖南桃源人。1916年进北京法政专门学校学习，不久即转入国立武昌商业专门学校，于1919年毕业。1924年赴美国加利福尼亚大学攻读经济学专业，回国后致力于历史学研究。1937年5月加入中国共产党，长期从事统一战线和理论宣传工作。抗战期间，撰写文章批判国民党的亲日独裁政策，积极投身于中国社会性质问题的大论战，初步建立了中国马克思主义历史学体系。1952年至1968年为北京大学副校长、历史系主任。历任第一届全国政协委员，第一、第二、第三届全国人民代表大会代表，中央民族事务委员会委员，中国科学院哲学社会科学部学部委员。1968年12月自杀。1978年平反，1979年举办了追悼会。主要著述有《历史哲学教程》、《中国史纲》、《先秦史》、《秦汉史》、《中国史论集》和《历史问题论丛》等,主编《中国史纲要》、《中国古代史教学参考资料》和《中国近代史资料丛刊》等。

生活·讀書·新知三联书店编辑部

目录

序 ··· 1

群众·领袖与历史（再版代序）············· 9

壹　绪论 ·· 55

贰　历史发展的合法则性 ················ 97

叁　历史的关联性 ·························· 145

肆　历史的实践性 ·························· 193

伍　历史的适应性 ·························· 243

陆　关于中国社会形势发展史问题 ············ 319

序

　　我原来是计划写一本关于中国社会史方面范围较大的著作，我想在消极方面，对于从来各家的中国史意见，作一较详尽的清算；在积极方面，较系统地提出我自己的意见。但当我这一工作计划正在进行的当中，由于神圣的民族抗战的展开，便不能不略加改变。原来所搜集的一些材料，亦随同京沪沦陷而失散，这在我个人，是一件值得痛惜的事情。

　　现在，我们的民族抗战，已经把中国历史推到崭新的时代，中华民族已经站在世界史的前锋，充任了世界史转化的动力。为了争取这一伟大的历史胜利，我们认为绝不应使理论的发展落在实践的后面；反之，我们认为，必须要以正确的活的历史原理作为这一伟大斗争的指导，使主观的努力与客观情势的发展相互适应。因此，我在今年二月，便开始改写这本《历史哲学教程》。

在这样一个伟大的历史变革时代，我们绝没有闲情逸致埋头于经院式的历史理论之玩弄；恰恰相反，在我的主观上，这本书，正是为了配合这一伟大斗争的现实行动而写的。在目前，隐藏在民族统一阵线理论与行动阵营中的"悲观主义"、"失败主义"等等有害的倾向，都有其社会的历史的根源；因而从历史哲学上去批判过去及现在许多历史理论家对中国历史之一贯的错误见解及其"魔术式"的结论，是我们一个不可逃避的任务。

近十余年来，出现在中国历史科学战线上的实验主义，他们在史料的考证上，确实有着相当的贡献；但在其对具体历史的研究上，却反而把中国史玄学化，在某些意义上，甚至给了许多相反的影响。历史的形式主义者，隐藏在史的唯物论的外衣里面，传播"半波格达诺夫主义"、"半实验主义"的毒素，迷惑于历史的零碎现象，拒绝对历史之本质的说明。经济唯物论，即机械论者，也同样隐藏在史的唯物论的术语之下，无耻地从事于对史的唯物论之修正、割裂、歪曲，企图假借科学社会主义，发挥其政治上之反动的阴谋，在理论上，使历史复归于进化论。另一方面，在某些史的唯物论的历史家的名著中，他们虽然尽过了主观上的努力，但对于历史理论之本质的理解，也依旧不免犯了或多或少的错误。

正在过渡时期的中国社会情势下，歪曲与错误的理论反能获得其流行的可能。在大学的讲座中，在各种流行的刊物上，到处散布其欺骗青年的毒素。他们任意歪曲、蒙蔽或涂改具体的历史事实，以求适合于其阶级的要求与幻想。像这样各种各样的历史理论，不仅对于历史科学的本身是一个污蔑，那对于一般青年对中国历史之正确的认识，尤其对于中国目前正在进行中的民族解放斗争的前途的认识，更是一个毒害。因此，对于这些错误的历史理论之彻底地澄清，不仅是历史科学的研究任务，而且是目前中国民族解放斗争中一个紧要的政治任务。但是假如把那各种各样的历史理论，一一加以批判，那会把我们引导到极其广泛的领域中去，而况事实上，大半又是反复陈说，千篇一律，没有一一批判的必要。因此，我在本书中，仅就在中国历史研究领域中曾经或一直到现在还可以多少发生一些支配作用的几种理论体系，作为批判的对象。

我所以特别提出历史哲学的问题，因为无论何种研究，除去必须从实践的基础上，还必须要依从了正确的方法论，然后才能开始把握和理解其正确性。历史哲学的任务，便是在从一切错综复杂的历史事变中去认识人类社会之各个历史阶段的发生发展与转化的规律性，没有正确的哲学做研究的工具，便无从下手。然而在中国，历史哲学，虽然在近年来所展开的社会史论战中附带地提到，但不幸大多只注意到文句的抄袭，而忽视那具体的历史事实，因而便不免是引经据典，以抽象的定义去歪曲真正的具体历史,反而把史学玄学化。结果,历史哲学在中国,或者沉溺于刻板的公式主义,或者使理论脱离实践,陷于纯经院式的无病呻吟了。所以一直到现在,关于历史哲学之系统的著作,在中国我们还没有看见。因而我想到李达的《社会学大纲》,虽然不是一部历史哲学的著作,然而却是值得历史研究者一读的。此外盛岳译的《史学新动向》,尤其是值得特别介绍的。由于历史哲学在中国历史科学的领域中,没有展开其更高的发展,所以中国的历史家,至今还不曾写出一部正确的中国通史,即分期史也还相当地贫乏,至于世界史,更没有提到研究的课程上。

关于中国通史,除日本历史家森谷克己的《中国社会经济史》、佐野袈裟美的《中国历史读本》、苏联历史家沙发诺夫的《中国社会形势发展史》、拉狄克的《中国革命史》、马札亚尔的《中国农村经济》等似是而非的著作外,我们还没有看见一部相对正确的中国通史。

在原始社会史方面，在中国史学界较有系统的著作，除吕振羽的《史前期中国社会研究》，以及专门从事史料考证而与原始社会史料有关的，如顾颉刚的《古史辨》，郭沫若的关于金石甲骨文字的著作，以及李季、董作宾等人关于安阳等地的发掘报告书等等外，就只有一些零碎的论文。而这一原始时代的历史，对于说明后来一切继起时代的历史之重要，又是无疑的。

关于中国奴隶社会史以至初期封建社会史，除了郭沫若的《中国古代社会研究》、吕振羽的《殷周时代的中国社会》、柯金的《中国古代社会》外，虽还有几部堆砌式的著作，但都是没有其自己的系统。

关于中国封建社会全史，除出一些史论的著作外，在中国只有胡适的《中国哲学史大纲》（第一册）、冯友兰的《中国哲学史》、陶希圣的《中国政治思想史》（一、二、三、四册）、吕振羽的《中国政治思想史》、杨东莼的《中国学术思想史讲话》

以及谭丕模的《宋元明学术思想史纲》、《清代学术思想史纲》中，关于这一阶段的历史之部门的即政治形态或意识形态的叙述。对于中国历史这一长时间的演变之全面的叙述的著作，也还没有出现。然而这一封建社会的历史，在中国历史发展中又有其极重要的地位。

关于中国近百年殖民地化这一过程的历史，除去施存统的《中国近代经济史》、李鼎声的《中国近代史》以至作为部门之研究的何干之的《近代中国启蒙运动史》外，也没有有系统的著作。然而这一时代的历史，对于目前中国的民族解放斗争，尤有其直接的影响与作用。

此外，关于国内各民族，如回纥、藏、蒙古、女真、苗族、瑶族等的社会史，以及与中国历史有关的各民族，如琉球、朝鲜、安南、印度，以及南洋各地、中亚细亚各民族的历史，尤其是日本史，更是无人着手研究。自然，因为史料的缺乏，历史家也不能凭空杜撰，同时对于各民族的民俗学的研究，也不是风雨飘摇中的我国历史家所能如愿进行的。但在事实上，不研究这些民族的历史与中国历史之相互影响的作用，要想写成一部正确的中国通史，又是不可能的。

一直到现在，在中国历史科学研究的领域内，还存在着许多荒原区域，需要继起的历史家从事于历史科学之拓荒运动。因此，我深切地希望我们新兴的历史家，大家用集体的力量，承继着我们先驱者努力的成果，依据正确的方法论，依据中国历史资料的总和，来完成中国史的建设，并从而以正确的历史原理来指导这一伟大的民族解放的历史斗争，争取这一伟大的历史斗争的胜利。

在我写这本书的时候，主观上已经尽可能地去求其正确，至于客观上，本书的正确性能达到如何程度，这只有等待着大家的批判和指教。

著　者

一九三八年五月三〇日于长沙

群众·领袖与历史（再版代序）

一

本书在一年内再版，对于我倒是一件出乎意料之外的事。

在再版时，本书除了在文句方面略有修改；在理论方面，我对于一年前的见解，还没有觉得有修改的必要。并且本书是带着论战的性质，在我批判的对方没有改变之前，我当然不应作任何改变。

我在这里唯一想补充的一点，便是"群众及其领导者在历史中的作用"。关于这一点，我在本书第三部分"客观条件与主观创造之辩证的统一"一节中已经说到，不过，为了彻底地说明这一问题，我以为还有补充的必要。

现在，我们在唯物史观的历史家的著述中看不见一个"历史人物"的名字，就正像我们在旧的历史著述中看不见"社会经济形态"的发展痕迹一样。忽略历史客观发展的规律，是史的观念论者的一贯作风；忽略历史主观创造的作用，也不是辩证唯物论者的历史理论。辩证唯物论者，他与观念论者及机械论者不同之处，就在于他不仅同时注意历史之主观创造作用与其客观发展的规律，并且尤其注意他们在历史运动中之辩证的统一。

现在，在世界各地，在亚细亚、欧罗巴、阿非利加，到处都展开了战争与革命。殖民地奴隶与无产阶级的鲜血，刷红了资本主义的世界。在中国与西班牙反法西斯侵略斗争的大旗下，几百万人的英勇牺牲，几千万人的战斗动员，几万万人的走向反法西斯侵略斗争的战场，这种壮烈而伟大的历史行动,标示了人类历史走向新阶段的象征。这一方面,固然是世界史自身发展的规律已经达到了一个突变的时代;然而同时,也说明了群众在历史创造中的作用之伟大,说明作为群众领导者的个人在历史创造中的重要。

一直到今天,中国还有不少的人忽视群众在革命战争中的伟大作用,还有人阻碍着群众运动在民族解放战争中之发展,这证明了理论上的错误必然要发展为实践的行动。为了这种原因,我以为在这里特别地补充这一点,不是没有意义的。

二

科学社会主义的创始者认为旧的唯物论的理论最主要的缺点之一,就是没有把握群众行动的规律及其对历史的创造作用。史的唯物论者他不仅承认群众对历史的创造作用,并且从其生活诸条件上研究领导群众行动的规律。

马克思恩格斯在其早期的著作之一中，曾经这样说过："历史的行动愈彻底，则推动这一历史行动的群众的力量愈广泛。"在这里，马恩所谓彻底的历史行动，当然是指的历史上的革命行动。因而在这句话中就包含着一个反面的意义，即任何带有反动性的历史行动，是不能得到群众的拥护的。

只有当着基督教的运动，还是反奴隶制革命运动的时候，他才能在古代世界唤起一个具有广大信徒的宗教运动。只有当着法国的资产阶级还是一个革命阶级的时候，它才能唤起一个以农民为主力军的法国大革命。只有当着美国为了争取民主主义前途的时候，它才能在新大陆唤起一个光荣的独立战争。

在中国历史上也是一样，只有在反奴隶制的号召下，才能使周武王唤起一个"亿万人一心"的朝歌之战。只有在反秦代地主阶层专政的号召下，才能使广大的农民在陈涉吴广的领导之下揭竿而起。只有在反大地主的剥削的号召之下，赵匡胤的陈桥起义，才能获得小土地所有者及广大农民的响应而达到宋代政权的建立。只有在种族革命的号召之下，朱元璋才能唤起全国人民的兴起，驱逐鞑靼人出中国；洪秀全、杨秀清才能唤起一个几乎推翻满清政权的轰轰烈烈的"太平天国"革命运动。只有在反帝的号召之下，才能在中国北部唤起一个"义和团"的运动。只有在更进步的三民主义的号召之下，才能使孙中山先生所领导的"辛亥革命"，在全国各阶级各种族的人民的热烈拥护之下推翻满清政权，建立中华民国。只有在反帝反封建的号召之下，才能唤起一九二五——一九二七年的中国大革命，铲除北洋的封建军阀，建立中国国民党在中国的政权。

这些历史上的事实，充分地说明了马恩理论的正确。这种理论的正确性，在近代史上许多新的历史事实中，获得了更充分的证明。

在近代史上，第一个最彻底的历史行动是苏联社会主义的伟大的"十月革命"。它从其社会经济最深的根基上，废除了剥削阶级与人剥削人的制度，建立了没有历史先例的无产阶级的政权，创造了崭新的社会主义社会，像这样的历史行动的彻底性，是一切过去人类史上所不曾有过的。因而也就没有一个过去的历史行动，能够像苏联"十月革命"一样，广泛而深刻地唤起了一万万五千万人狂热的斗争，唤起了全世界无产阶级伟大的同情。

其次，便是在中国目前，正在进行着的伟大的民族抗战，这一个历史行动的彻底性，不仅在中国史上是空前的，就在世界史上，也是一个没有先例的民族解放战争。就因为这一历史行动的空前彻底性，所以它唤起了地球上四分之一的人类直接参加到这个斗争中，唤起了全世界和平的人类——尤其是国际无产阶级与殖民地奴隶——的伟大的声援与为着这一斗争的胜利而呐喊。这一个伟大而彻底的历史行动，它在中国引起了一个天翻地覆的变动，在民族革命的狂风暴雨中，许多封建余孽及机会主义者都被骇倒而转化为汉奸；大部分的中产阶级都因为失掉一切而疾速地转化为无产阶级；广大无比的劳动者和农民大众都被迫而离开职业，离开土地转化为坚强无敌的抗日游击军。铁道公路被破坏了，河道交通被阻隔了，海口被封锁了，大部分的城市变成焦土，无数的农村变成沙漠，一切的文化遗存与文化机关都变成灰烬了。在空前的民族大迁徙中一切作为封建传统联系的，如家长制的主从关系、宗法社会的家族关系都被切断了，被扫除了。在广泛而持久的革命战争中一切作为半殖民地属性的，如帝国主义在中国的商品流通网、势力分配圈都被打破了，毁灭了。总之，这一个战争，它彻底地改变着中国社会经济的原来的物质基础、阶级关系，乃至建筑于其上的政治文化与意识形态。

就由于这样一个空前的彻底的大变革，在国际方面，造成了资本主义世界之更加狭隘，唤起帝国主义各国家间的相互矛盾之更加尖锐，唤起了国际劳动阶级与殖民地奴隶之反法西斯侵略的高潮，创造了世界史突变的前提条件。在国内，唤起了民族资本向西南与西北之大量的移注，唤起了小机器工业与农村手工业在内地之蓬勃的兴起，唤起了西南西北经济建设与文化教育之普遍的发展，唤起了内地城市之一般的繁荣，唤起了流动人口与荒废土地之有利的结合。在这样新的社会经济基础上，又唤起了中国政治民主化的开始，唤起了中国文化思想上之战斗的与革命的高潮。总之，这一彻底的历史行动，它毁灭了中国旧有的一切，同时，也创造了新中国的一切前提条件。

　　苏联的伟大的"十月革命"与中国的伟大的民族解放战争，它们之所以同为最彻底的历史行动，就因为它们同是执行人类解放——阶级解放与民族解放——的历史任务，所以也才能同样地获得广大群众——整个阶级或整个民族——的热情的参加与拥护。苏联的历史，已经证实了只有最被压迫的阶级才能彻底地执行阶级斗争的历史任务；中国的历史，又在证实着只有最被压迫的民族才能彻底地执行民族斗争的任务。同时，世界史的原理，又将证实着只有被压迫的阶级与被压迫的民族在反法西斯侵略的斗争上统一起来，才能完成整个人类解放的历史任务。

这样看来，只有彻底的历史行动，才能唤起群众的力量，只有群众的力量的兴起，才能执行任何一个历史的行动；反之，没有群众的力量，任何历史的行动也是不能实现的。因此，群众的力量与行动，是一切过去以及未来的历史行动决定的力量。

三

从相反的方面看来，也是一样。在历史上，任何一种反动的行动，首先在其行动的本质上，必然是反群众利益的，因而它必然与群众对立。但历史上存在着的许许多多的反动，为什么又有群众参加而使其得以实现呢？关于这一点，恩格斯在其描写德国农民战争时，他引证了许多历史事实，说明了在整个中世纪的欧罗巴所进行的反动历史事件，都是隐蔽在宗教的外衣之下执行的。他指出了十六世纪的德国的贵族与城市中等阶级为了反对压迫他们的封建诸侯，怎样地发动了一连串的战争，怎样地把每一次这样的战争都很巧妙地隐蔽在宗教的旗帜之下，怎样地以宗教的迷信唤起当时德国农民大众的同情，又怎样地在每一次战争进行到一定阶段时与其敌人妥协转而出卖其同盟者——德国的农民大众。

像这样的历史，不仅表现在十六世纪的德国，表现在中世纪的欧罗巴，同样也表现在世界其他的地方，尤其在中国。在历史之封建社会这一阶段，任何国家的农民，总是经常被地主阶级利用为争夺政权的工具，他们一千次被利用，同时也一千次被出卖。在中国两千多年的封建社会历史发展中，不知经过了多少地主阶级彼此间争夺政权的战争，无数王朝的更替，事实上也就是剥削集团的换班。所谓"一朝天子一朝臣"，就是甲剥削集团让位于乙剥削集团。然而每一个新的王朝的创立，都是农民大众的力量，农民大众为什么把一个戴着皇冠的地主拖下王座，而另外把一个草野的地主送上王座呢？把一个旧的剥削者换一个新的吸血鬼呢？这就是因为封建的意识限制了农民不能认识这些"英雄们"的本质，即他们同是地主阶级，同是以剥削农民为生的强盗，而以为他们是一个不剥削农民的"真命天子"。因此，即使他们被出卖了一千次，他们还是希望在一千零一次不被出卖。同时，在另一方面，每当封建地主要利用农民大众的力量来建立其统治并剥削农民的政权时，他首先就把他自己变成一个"神话中的人物"，变成一个"人间的神"，用宗教的外衣隐藏他自己，并以此蒙蔽农民的眼睛，用神秘的号召唤起农民的盲动，他就把这种盲动的力量引导到他自己的目的上。这就是为什么中国历史上每一个创业的帝王，不是"赤帝之子"，便是"白帝之子"；不是"以金德王"，便是"以木德王"。这就是为什么反动的历史行动，也一样能获得群众的参加而得以实现出来的缘故。总而言之，欺骗麻醉与利用群众的愚昧无知，是过去一切反动历史行动之可能实现出来的基础方法。

其次，每一个历史上的反动行动，单独地或孤立地看来，是反动的；但若把它统一到整个历史发展的行程上去看，它或多或少总是具有一些进步性的。因为由于这个反动，它本身就是历史之辩证法的发展。譬如德国的农民战争，在其每一次出卖农民大众的方面看来，是反动的；但在其反封建诸侯的方面看来，又是进步的。同样在中国，每一次王朝更替的战争，在其同样都是争取剥削农民的政权看来，是反动的；但在其每一次都是封建经济发展之必然的结果上看来，则又是进步的。又正如法西斯侵略主义，在其屠杀无产阶级及殖民地奴隶上看来，它是达到人类历史最反动的顶点；但在整个资本主义经济发展的历史行程上看来，它又是把这个制度推到它的历史终结点的一个必然的结果。就因为历史的发展是矛盾的发展，就因为每一反动都是促进正动的一个杠杆，就因为它在整个历史发展行程上都或多或少具有一些进步的意义,所以它才能产生出来。

　　再其次,任何一个历史上的反动,不是一开始就表现其反动性的,反之,它常常隐蔽在一种革命的姿态上;只有当着它接近于成功或完全成功的时候,才会暴露其反动性。例如在中国史上,当着周武王誓师伐纣的时候,他还隐藏在"吊民伐罪"的口号之下,只有当他毁灭了殷代的奴隶主的政权,把殷民整族整族地当做田土附庸,而分赐他的臣属建立周代的封建政权以后,他才暴露他的反动性。只有当着秦始皇并吞六国,形成地主阶级的统一政权以后,他才执行"焚书坑儒"的反动的政策。只有在汉高祖入关以后,他才发表与地主阶级妥协的"约法三章"。只有当李世民奠定了唐代政权以后,他才开始以租庸调全部的负担,加在他的同盟者——小土地所有者与农民——的身上。在西方的历史上也是一样,当莫索里尼还是意大利《前进报》(*Avanti*)的主笔的时候,他还是伪装为一个最热心的工团主义者和劳动运动的指导者的姿态,去建立其在群众中的信仰,只有在他以有名的"罗马进军"被群众把他拥上意大利的首相地位以后,他才公开地用黑衫党员来屠杀群众。当希特勒在德国的法西斯政权还没有建立起来的时候,他还是在其"四年计划"中装出对德国的小资产阶级及劳动人民关心的态度,只有当他的钢盔队组成以后,他才公开把劳动阶级当做他的敌人。像这一些的事实,在东方与在西方的历史上都如出一辙。这些历史事实,就充分地说明了一种反动的历史运动之发展的形式,不管它到后来发展到如何程度,在其开始时还是装出革命的姿态使人看不出他是一个反动。假如汪精卫在喊着"革命者向左转"的口号的时代死了,谁能知道他怀藏着汉奸的阴谋。假如没有第一次帝国主义的战争,谁能知道第二国际的英雄们是拥护屠杀无产阶级的帮凶。因此,我们如果要暴露一种反动运动,或一种反种运动之被暴露,不是一开始就可能的,只有当着这种运动,在其进行中不依照反动者的目的进行而走向真正彻底革命的时候，而且这种彻底的程度，达到那些反动者不能再容忍下去而又无力倒转其方向的时候，他的反动性才能暴露出来。这就是为什么托洛茨基派在苏联被暴露出来，为什么中国有些汉奸一定要在持久抗战十八个月后才能暴露出来的原因。

四

我们已经说过，在过去，群众被出卖一千次，还可以被出卖一千零一次；然而这样的时代，现在已经过去了。

由于科学的进步，宗教的观念逐渐在人类头脑中被扫除，因而使得一切反动者失去一个最大的欺骗工具，并且也失掉了一个最终的隐蔽所。其次由于阶级意识与民族意识的觉醒，并且形成了这样的意识形态，他们认识了他们的阶级敌人与民族敌人，因而使一切反动者无法隐蔽其反阶级性与反民族的阴谋。此外，现在的群众，由于几千年来的历史教训，由于其在现实斗争中所亲身尝试的痛苦、压迫，与被欺骗、被出卖、被屠杀的血的教训，使他们能够以他们自己的经验，正确地认识一个历史行动、一个领导者的性质与倾向，并且于不断的失败与不断的斗争中，提高其自己对于政治的认识与警觉性。对于其敌人的戒备性，对于一个历史行动之严厉的监视性，他们不但能够随时发现这种历史行动中的反动性，并且还能以他们的力量纠正并消灭这种反动性。这就是为什么苏联的革命没有被托洛茨基派所消灭，中国的抗战没有被汪精卫等所停止的原因，也就是法西斯匪徒成为人类公敌的原因。

任何宗教与迷信在今天失掉了欺骗作用，这是一个事实。所以尽管希特勒向奥国的人民说，"上帝要德奥合并"，但是奥国的人民深深知道，并吞奥国的是德国的法西斯而不是上帝。尽管莫索里尼如何向教皇虔诚致敬，而意大利的人民，深深知道他是要利用基督教与意大利的僧侣贵族、僧侣地主联盟，巩固其剥削劳动阶级的政权。尽管日本法西斯军阀如何向他们的劳动人民说，千针布、符咒可以保障你们不变成炮灰，而日本的人民深深知道这不过是把他们骗上屠场。因此，近代的反动者，他们便转换了欺骗群众的方式，他们知道，今天的群众，他们并不关心上帝，而关心的是面包、牛乳，以及一切他们依以生存的物质条件。因而所有的法西斯反动匪首都提出足以抓住群众心灵的经济的口号，但是当着这种虚伪的诺言成为永远不能兑现的时候，也和宗教一样失去其效用。并且今天的群众，由于他们的经验，他们能彻底地辨别这种口号的现实性与欺骗性，所以无论托洛茨基派的口号如何"左"倾，如何同情苏联的劳动阶级，而苏联的劳动阶级却能正确地认识他们的口号，只是一种欺骗的空言，只是他们反动的隐蔽。无论中国的汉奸的口号，如何同情中国人民的痛苦，如何为了国家而自己愿被唾骂千秋，但是中国的人民，却能彻底地认识他们的口号只是出卖民族的幌子。

自然，群众的进步也随着提高了反动者的技术。但反动者的技术无论如何高明，而终必被群众暴露出来。这在苏联的历史证明了，在中国的历史又在证明着。

在苏联"二月革命"以至"十月革命"后，一群群的反动分子、资产阶级和保皇党的走狗，都先后被暴露了。如加其可夫（Guchkov）、米留可夫（Milyukov）、沙非可夫（Savinkov）、克伦斯基（Kerensky）、科立诺夫（Kornilov）、马尔托夫（Martov）、丹（Dan）、科尔洽克（Kolchak）、尤丹立希（Yudenich）等各种各色的资产阶级及保皇党的政客，他们以最大的努力颠倒历史发展的过程。这些劳动阶级和社会主义的敌人，为了绞杀革命曾经行使了各种方法，如内战、干涉怠工、破坏、恐怖、侦探等，但是苏联的"十月革命"暴露了并粉碎了这些资产阶级与地主的反动，粉碎了他们在群众中的影响。但他们并不因此而停止其反动，他们改变了活动的形式，由公开的反动，变为隐藏于党内的反动。他们惯于利用在党内的地位，开始伪装，充任资产阶级的暗探，如托洛茨基（Trotsky）、真诺夫季夫（Zinovyev）、堪墨勒夫（Kamenev）、布哈林（Bukharin）、莱可夫（Rykov）等，已变成反革命的代表。他们与法西斯国家中的秘密警察保持秘密关系，以保护工农利益之虚伪的口号及其各种姿态反对布尔什维克党。然而苏联革命的彻底性，又暴露了他们的反革命及对无产阶级的憎恨。他们现在已经失去了在群众中的一切影响力，变成了一群强盗、凶手、间谍、反革命者的首领，在他们的周围，集合了旧社会的堕落分子、沙皇时代的秘密警察、流氓、挑拨者如真林茨基（Zemlinsky）、伊凡诺夫（Ivanov）等直接从事于恢复资本主义的企图。

在中国从抗战以前到现在，先后出现了无数的汉奸、卖国贼、民族叛徒，或以傀儡政权而出现或以政治汉奸而出现。如在"满洲国"的傀儡政权之下，出现了郑孝胥、赵欣伯等；在"冀东自治政府"的傀儡组织之下，出现了殷汝耕等；在北平的伪组织中出现了王克敏、高凌蔚等。此外，在南京、在其他沦陷区域，都先后出现了一群群的大大小小的汉奸、民族叛徒。在最近，由于中国抗战的坚决与持续，又使得一部分隐藏在民族统一战线内的汉奸如汪精卫、陈公博、陶希圣等被暴露出来了。

这些汉奸、民族叛徒，在形式上，不管他们以傀儡政权出现也好，以政治汉奸出现也好，在个人的历史上，不管他从前曾经参加革命的也好，根本就是反动的也好，然而中国的人民大众，都能彻底认识他们同为出卖民族的汉奸。

我们记得，在抗战以前，这些汉奸便隐蔽在"一面交涉，一面抵抗"的口号之下，继续"不抵抗主义"。在抗战将要爆发的时候，他们又隐蔽在"唯武器论"与"准备论"的理论之下拒绝革命战争。然而一切都失败了，民族革命战争终于在人民大众高度的愤怒之下爆发了。

在群众革命的压力粉碎了这些汉奸的公开反动之后，他们不敢公开地反对抗战，于是相率隐藏在党政机构以内,并利用其在党政机构中的地位,集合一些民族败类、流氓敌探,以及托洛茨基派的匪徒,用各种各样无耻的方法破坏抗战。他们利用所有属于他们的出版物,到处散布悲观、失望、妥协、动摇的谰言,并且形成其一贯的反动理论的体系,企图从根本上消灭中国的民族意识。他们对外则与日本法西斯军部以及柏林、罗马的法西斯参谋本部及其侦探机关取得秘密的联络,在"均势论"的理论之下,反对与国际和平阵线的联络,并否认国际间有和平阵线的存在。着重打击苏联的和平政策,打击法国人民阵线的政府,打击西班牙的革命军,打击奥国的祖国阵线,打击捷克斯拉夫的反纳粹的人民,打击全世界反法西斯侵略的一切国际势力。相反地,他们坚决地主张德意路线,热烈地拥护一切国际的妥协政策,英国的张伯伦的现实外交,美国的孤立政策,以及一切有利于法西斯侵略主义的理论与行动。

他们对内,则在"再战必亡论"的原则下,尽量地宣传"失败主义"、"妥协主义"与"投降主义"。为了达到这一反动的目的,他们极尽挑拨离间之能事,企图分裂并破坏国内的统一,并且一致地反对任何足以加强抗战力量的动员工作,反对任何足以宣传鼓动民众的救亡运动,反对抗战教育,甚至反对锄奸运动。然而所有这些汉奸理论与行动,即刻就被人民大众所认识,于是这些自命为"上等人"的"下流"便不能不离开祖国,皈依于日本法西斯匪徒的脚下,公开地反对抗战,主张投降。然而这一群出卖人民、出卖祖国、出卖民族的汉奸,法西斯的号筒的最后的反动,又在人民大众的革命压力之下被粉碎了。中国的人民——历史的真正创造者——在巩固与发展他们伟大的历史斗争中,已经有充分的力量与决心,扫除他们前进大道上所有的垃圾。

苏联和中国的现实历史,说明了什么?它说明了一个历史的原理,即群众在历史创造中的伟大。它破坏一切,建设一切,它能扫荡一切反动的泡沫,它能保证每一历史行动走向进步，因而它也就是历史发展的动力。所以列宁说："当马克思说到世界史是谁创造的这个问题时，他把劳动阶级的英勇无私的热情与创造，创造了世界史这件事的估价，高于一切。"

五

历史是被群众、被革命的劳动阶级及被压迫民族的广大人民所创造，这就是科学社会主义者的见解。

群众之所以能成为一个推动历史的伟大力量，主要的固然是决定于当时的社会经济的关系，但对于这一历史发展之客观的倾向使群众能够形成一个统一的行动、阶级行动或民族行动，这便是需要一个革命的政党或革命的领导人物。只有通过这种领导的政党或领导人物，才能使群众的行动规律化、组织化、集中化，引导他们依照正确的路线走上历史的阵地。同时,一个历史行动的领导政党或领导人物,他之所以变为有力量,也就是因为他代表着群众的要求,获得了群众的爱戴,象征着群众力量的总体。所以恩格斯着重地指出,所谓一种历史的动力,绝不是什么单独的个人,即使这个个人是一个杰出的个人;而是广大的群众。史大林也指出:"在以往,人们都以为领导者是历史的唯一创造者,而不承认大众对历史的创造作用;现在,这样的时代已经过去了。在现在国家与民族的命运不仅是决定于领导者,而首先是决定于群众,决定于千百万的劳动阶级。工人与农民,他们不慌不忙地建筑磨面厂、工厂、矿山、铁路、集体农场、国营农场,他们生产所有的生命的要素给予全世界人类以衣食——他们才是新生命的真正英雄与创造者。"

所以一个历史行动的指导者,不仅在分析革命的客观原因和历史发展之客观的规律性,并且也要能够认识群众的革命力量、革命天才、革命热情,而且还要承认个别人物、集团与政党在革命中的作用，尤其要从群众生活诸条件上研究指导群众行动的规律。列宁说过：

"人类创造其自己的历史，但什么是决定人类的而且是群众的动机呢？什么引起诸对立的意识与倾向的冲突呢？怎样才是一切人类社会这些诸冲突的总和呢？怎样才构成作为人类的一切历史活动的基础之物质生活的客观诸条件呢？而且这些条件的发展法则又是怎样呢？马克思注意了这些问题并指出了历史研究之科学的道路，指出了包含着丰富的多样性与矛盾性过程中之统一与规律的道路。"[1]

一个革命的领导者就在于从以上的诸方面考察历史的客观情势与群众之主观的要求，并从而获得群众的深爱与信仰，以建立并巩固其在群众中的威望，以正确而有力地展开其所领导的历史行动，并使这一行动成为群众自己所要求的行动。反之，他必然地会把这个历史行动导入盲动主义、个人主义；

---
[1]《列宁全集》卷十八，第一三页。

同时，也必然地会把他自己变成一个历史行动中的叛徒、逃兵或反动者；因而不但他自己离开群众，群众也必然离开他。

过去俄国的"民粹派"以及现在法西斯的历史家，他们对于这一点都特别加以曲解。他们虽然知道他们的英雄主义的野蛮记录也需要群众的鲜血；但他们始终认为人类历史是决定于英雄。群众在他们看来，不过是英雄手中的工具。他们把领导者的行动从大众的行动中孤立出来，甚至对立起来，这就是法西斯崇拜英雄、鄙视大众的历史理论。

根据这种历史理论出发，在法西斯的历史中便看不见群众的行动，而只有"神圣的英雄"。群众在法西斯的历史中便变为炮灰而消逝了。但是我们知道莫索里尼如果没有几十万白色的奴隶，他绝不能用他自己的一支手枪征服非洲的黑人。希特勒如果没有德国农民大众替他把炮口转移向着西欧，他也绝不能并吞奥地利，分割捷克斯拉夫。日本法西斯军阀如果没有那些被迫而走上屠场的劳动阶级及农民大众，他也无法执行其对中国的侵略。所以无论法西斯历史家如何鄙视群众，而群众在历史上的创造作用并不因为他们的鄙视而不存在。

在中国民族抗战中，有些人也还在鄙视群众在抗战中的作用，这些人与其说是鄙视群众的力量，毋宁说是害怕群众的力量。他们在一九二五——一九二七年的大革命中，深深地认识了群众力量的伟大；但同时，他们从中国共产党之十年的武装斗争中又深深感到这种力量之可怕。就因为群众的伟大性中包含着可怕性，所以一部分人总想把中国的抗战引导到军事的绝对主义，以防止群众的力量在抗日战争中之兴起。他们分裂军队与人民的关系，隔离领导者与群众的关系，这样就使得中国的抗战不容易走到全面的性质。他们虽然也痛恨日本法西斯，但他们同时又害怕群众；他们虽然也希望抗战胜利，但同时又希望不要群众的参加；他们虽然也拥护领导者，但他们又希望领导者变成一个脱离群众的个人。

但是事实并不如这些少数人的幻想,在抗战的二十个月中,由于国共两党及其他各党派之积极的号召,中国的人民大众——尤其是劳苦的农民,正在百万百万地走上战场,千万千万地变成抗日游击队。中国的工人、中国的青年、中国的妇女,甚至一部分中国的有产阶级都在各种抗日的组织中团结起来,行动起来,这就表现了群众的力量在抗战中之生长与伟大。反之,没有这些群众的力量,中国的抗战也就不能继续到今天。

我们承认,一个做群众领导者的历史上的伟大人物,对于一个历史行动有其作用,但诚如恩格斯所云:"在特殊时代特殊国家中,出现特殊伟大人物这件事,当然是纯粹的偶然,倘使我们删去了这些人物,必然会有一个替代者,这样一个替代者,或好或坏迟早是会被我们找到的。拿破仑是一个特殊人物,是一个军事独裁者,他之成为法国的重要人物则是偶然的。但假使没有拿破仑,也会出现另外一个人来替代他的地位,这是无疑的。因为任何时代都需要这样一个人，于是凯撒、阿古斯登、克伦威尔等人都出现了。唯物史观是马克思所发现的，但塞内（Thiery）、密格勒（Mignet）、解觉（Guizot）以及一八五〇年为止的一切英国的历史家都表示了许多同样的观点，莫尔根发现了同样的观念，这就表示了当着唯物史观成熟时，这种观念便必然会被发现。"[1]

恩格斯这段话，他说明了一个伟大的历史人物在历史上之出现是偶然的，在世界各个国家的历史上每当危机的或革命的时期，常常出现这样的人物。因此，这种人物的出现，就具有深厚的社会的需要，他们的本质与才能，也确实能影响到历史发展的行程。然而这种影响的范围与程度，是决定于国内阶级力量、社会组织的形式及生产方式。因此，历史人物的行动绝不能阻碍社会发展的规律；相反地，社会发展的规律性，决定历史上伟大人物的行动。

---

[1]《给 Starkenberg 的信》。

当法国资产阶级革命时，全世界都听到罗伯斯比尔（Robespierre）和拿破仑的名字，然而谁都知道在革命的前几年，拿破仑还是一个寻常的军官，由于他注意军事的学习，他才升到将军的位置，他在当时绝不是一个使全欧罗巴战栗的英雄。

但是法国的圣·保夫（Saint Beuve）却这样说："假使米路波（Mirabeau）还是活着，而罗伯斯比尔及拿破仑偶然被杀的话，法国革命的爆发是不同的。"

关于圣·保夫的这种见解，普列哈诺夫曾经给予彻底的批判。他说：

"一般的进程和事变的结果，在实际上大概是和拿破仑存在的时候一样。共和国在八月九日遭受了致命的打击，慢慢地死去了。五执政内阁不能恢复秩序，但已经挣脱了高等阶级统治之后的资产阶级，最希望把秩序建立起来。……但除他以外，在当时还有许多这样精力充足有才能的英勇的个人主义者，他们所应该得到的地位，大概也不会空起来。"

在这里，普列哈诺夫说明了，一个历史上伟大人物在某一国家某一时代之出现，是那个国家那个时代的社会之需要，这件事是必然的；他以什么名字出现，拿破仑或其他的名字则是偶然的。因为即使法国历史上没有拿破仑，没有罗伯斯比尔，或者真如圣·保夫所云他们都偶然被杀了，法国的革命还是会照样进行，而绝不能如圣·保夫所说的"法国革命的爆发是不同的"。因为法国历史的需要，会产生另外一个政治家和另一个英雄来替代罗伯斯比尔和拿破仑的名字。法国的革命是产生于资本主义发展上之迫切要求，是产生于贵族与以布尔乔亚为领袖的平民间的矛盾，即产生于法国当时社会经济所存在着之深刻的原因，只要这个原因存在，则法国的革命，不管谁死谁活，还是会执拗地向着其一定的规律进行的。

同样，在中国历史上，如果删去了秦皇、汉武、忽必烈、朱元璋、洪秀全、杨秀清、孙中山这一些伟大的历史人物，在中国的社会经济发展之一定的阶段上，也必然会出现另外一些英雄和民族革命的领袖来替代他们，中国历史绝不会因为没有他们而改变其发展的规律。这些人物之出现于中国历史并且变为伟大，固然他们本身的特质或天才也有关系，但最基本的原因，则是由于他们各个人所处的时代之社会的深刻基础。这些伟大的人物之出现于中国历史是偶然的，而中国历史的基础即社会经济之发展的规律性，使得这些人物出现则是必然的。历史的偶然性不但不能改变历史的必然性，相反地，它是绝对服从历史的必然性的。伟大的杰出的历史人物，只要当时当地的社会需要他们，他们就会出现。马克思的伟大，就在于他发现了社会发展的规律性。不过，他之所以能够有这一伟大的发现，也是由他所生存的历史时代给予他以发现的可能。假使他生在中世纪的欧罗巴，即使他有更高的天才，也不能把社会主义从乌托邦推进到科学的阶段。

只有在历史的必然性中，才能使这些历史上的伟大人物的偶然性表现出来这是一个历史的原理。俄国伟大的社会主义革命是一个历史的必然，所以在革命的过程中，出现了伟大的无产阶级革命的领袖列宁、史大林，出现了许多伟大的红军领袖伏罗希罗夫（Voroshilov）、布丹尼（Budyonny）、佛龙芝（Frunze）、夏伯阳（Chapayev）、布澜雪尔（Bluzher）等，但如果没有这些伟大的革命领袖和红军领袖，俄国的革命是不是会不爆发或不能完成呢？只要俄国的革命因素达到爆发点，它还是会从其历史的需要上，从其革命斗争的过程中，出现另外一些历史人物来替代列宁、史大林和那些红军领袖的。这就是说，没有这些伟大人物的革命领袖与红军领袖，俄国的革命还是要爆发，并且还是要打倒沙皇政府，击退国内国外的反动势力，完成其历史任务的。

中国的民族革命是中国历史的必然，因为中国社会经济的发展，决定了中国必须要履行民族解放斗争的任务。在这一必然的历史条件下，我们便出现了伟大的民族革命领袖孙中山，以及许多军事上的领导人物，如冯玉祥、朱德、彭德怀等，毫无疑义地，这些伟大的历史人物是过去乃至目前正在领导并坚决执行中国民族解放斗争的缺一不可的人物。但假如没有这些人物，中国的解放斗争是不是就不执行，或不能执行呢？不，中国的辛亥革命，一九二五——九二七年的大革命以及目前的伟大的民族抗战，仍然是要依次执行并且也可能执行的，只要这个斗争是中国社会经济发展到今天不能不爆发的一个斗争，只要它是具有历史的不可避免性，在这样的情形之下，会出现另外一些伟大的人物来替代他们。

六

这样说来，一个伟大的历史人物在历史上岂不是毫无作用了吗？不，他的坚强的特性，他的天才的预见，对于指导一个历史行动还是有很大的作用。普列哈诺夫特别地指出了这一点，他说：

"一个伟大的人物之所以成其为伟大,是因为他有才能,使他最适宜于他那时代的社会之一般的或特殊的伟大需要。加列尔(Carlyle)在其《论英雄》的书中称伟大人物为'创始者',那是最适当的描写。一个伟大人物确是一个'创始者',因为他能比其他的人有更远大的预见、更坚强的意识,他能解决发生于其先行社会中的科学问题;他能指出旧社会中所包含着的新社会的需要;并且他首先满足这些需要。他是一个英雄,不是在于他能把握住或限制着事物的自然进程,而是在于他的活动是必须从那些无意识的自由的表现中发现其重要,发现其力量。"[1]

关于普列哈诺夫的这一理论,我们可以从很多的历史事实证明他的正确性。

我们已经说过,没有马克思,科学社会主义也会出现的,因为科学社会主义之出现于四十年代的

---

[1]《普列哈诺夫全集》卷七,第三〇四页。

德国不是偶然的。当时"革命的中心,正转向德国"。因为当时德国资产阶级对革命之迫切的需要,比之英法资产阶级革命存在着更进步的条件,因为德国资产阶级革命是立即跟来的无产阶级革命的预奏。

只有在资本主义矛盾达到尖锐的限度时,只有无产阶级在进步的欧罗巴作为一个新的历史动力时,科学的社会主义才能出现,只有在这样的历史条件之下,马克思才能成为科学社会主义的创始者。科学社会主义在当时之出现是必然的;但在科学社会主义上冠上马克思的不朽的名字,这是偶然的。

在另一方面,又诚如恩格斯所云:"因为马克思,我们才有两大发现——唯物史观及剩余价值学说史,暴露了资产阶级的秘密。"恩格斯又说:"我不能否认,在我与马克思四十年的友谊中,我附带地帮助了我们的学说之基础的建立,但是主要的和最大部分的指导概念,尤其是在历史与经济的领域内,及其最明晰的公式,完全是属于马克思的。我的贡献,除去二三特殊的知识部门以外,其余的没有我,马克思也能加上,但马克思的工作,我绝不能做。马克思比我的见解远大,知识渊博,把握敏捷,他是一个天才,我们最多也只是一个能人,没有他,今天我们的理论距'真实'还是很远呢。所以科学社会主义正冠上他的名字。"[1]

当然,恩格斯不是说没有马克思便不能产生科学社会主义,不过,没有马克思这样一个伟大的天才的国际巨人,科学社会主义不会如今天一样地高度地建立起来。正因为有了马克思这样一个天才,他才能以他所具有的各种知识分析了他以前所产生的一切,并明显地预见未来的一切,光辉地作出了这个主义,给予被压迫人类以伟大的信念。

二十世纪开始,革命运动的中心移到俄国,在俄国资产阶级革命的成熟,比之西欧资产阶级革命具有更进步的条件,俄国的无产阶级已成为国际无产阶级的先锋。在这样的历史条件之下,列宁、史

---

[1]《马恩全集》卷十四,第六六二页。

大林这两个伟大的无产阶级革命的领导者才又出现于俄国。他们领导俄国的广大的无产阶级，毁灭了俄国的资本主义和各种形式的奴隶制度，建立了社会主义社会，把人类历史提到最伟大的顶点。自然如果不是俄国社会经济的机构中已经存在着这样一个革命的因素，如果不是俄国的无产阶级存在着这样一个革命的要求，即使列宁、史大林有更大的天才，有更坚强的意识，也不能像巫师一样凭空地咒出一个社会主义革命来。然而如果没有他们天才的科学预见与正确的领导，俄国的无产阶级绝不能很顺利地击退他们国际的敌人，使欧罗巴许多文明的皇冠滚到地下，也不能顺利地击溃国内的反动，使"沙皇主义"彻底地消灭，更不能顺利地完成其社会主义社会的建设，使全世界资本家为之摇头惊叹。

中国从鸦片战争以后便走入了半殖民地的历史过程，满清王朝的腐败与国际帝国主义的侵略，使中国的人民大众在封建主义与资本主义压迫的交流当中，感到了不能忍受的痛苦。中国人民的迫切要求,是民族的自由、民权的自由与民生的自由。孙中山的伟大,就是他第一次喊出了中国人民的这些要求,并领导中国人民实现这些要求。三民主义在中国之所以有其现实性与革命性,也就正是因为它是中国现阶段的一个历史的产物。唯其是一个历史的必然的产物,所以即使在中国近代史上没有这样一个伟大的革命领袖孙中山,也会出现另外一个伟大的历史人物来替代他,即这个主义不叫做三民主义,也会以包括三民主义内容的另一名字的主义出现于中国。不过如果没有孙中山这样伟大的人格、伟大的天才与坚强的意识,也许不能喊出中国人民的全部要求,也许不能看出只有这三个要求之全部的彻底的实现,才能扫除中国半封建半殖民地的属性,才能建立独立自由与幸福的新中国,同时,也许不能建立一个革命的中国国民党为了实现这些要求而斗争。

在国际法西斯开始殖民地再分割的战争,尤其是日本法西斯威胁到中国生存的今天,中国的民族解放战争之爆发是一个历史的必然。在这样的历史条件之下，在中国便出现了伟大的革命领袖。自然，只要作为中国解放战争的客观因素存在，这样伟大的历史人物是一定会要出现的。不过也许没有这样的伟大，他的天才、他的明确的预见、他的正确的领导、他的坚强的意识、他的有力的号召，就不容易使得中国的人民不分阶级、种族、党派、职业，像铁一样坚强地团结起来，就不容易使得中国的抗战，在任何艰苦的条件之下，都能坚持地继续下去。

这以上的历史事实，就说明了作为一个革命领导者的个人对历史创造的作用。

七

在十九世纪九十年代，一个法国资产阶级的批判家斯特沫勒（Stammler）曾经以嘲笑的态度批判马克思主义，他说："没有人建立一个党来助长月蚀的。"他把月蚀的规律性，比之于马克思主义所谓历史发展的规律性,他以为马克思主义者,一方面认定社会发展是一个自然历史之必然的行程,即社会主义是资本主义发展的必然行程之不可避免性;但是在另一方面为什么又组织一个无产阶级的政党来推动社会主义革命呢?这在斯特沫勒看来,是他对于马克思主义理论与实践之内在的矛盾的一个新发现,因而也就是一个足以歼灭马克思主义的新理由。

对于斯特沫勒荒谬绝伦的推论,以及这一类的马克思主义的批判,普列哈诺夫给了他们一个很好的答复。他说:"人的活动不构成而且不能构成对月蚀所需要的诸条件,因此,单独组织一个党来助成月蚀,只有在疯人院中才能出现。即使人的活动是构成对月蚀所需要的诸条件之一,也没有人会组织一个党来助长月蚀,当他很忧虑地望着月蚀的时候,他仍然相信,即使没有他的帮助,无论如何也会实现的。"[1]

---

[1]《普列哈诺夫全集》卷八,第二七六页。

史的唯物论者，当认定社会发展是自然历史的支配律的过程时，并不否认或轻视个人的作用。马克思主义常从历史被人类创造之不可否认的事实中，说明人类对其自己的历史之创造作用。科学社会主义的创造者认为改变世界的基本基础，不仅是解释世界，而且是推翻旧的世界，创造新的世界。唯物论者的历史概念与人类的解放事业是不可分离的，不依据于革命的理论，不依据于领导政党和领导人物的指导，不依据于活的人类之革命的创造，历史是不会自动发展的。因此，如果革命的理论、革命的政党与革命的领导者离开了群众，那就证明了他对于人类解放的历史使命的指导上失去了一切的意义。科学社会主义的创始者，同时又是第一国际的组织者及领导者，又是国际无产阶级的领导者，绝不是偶然的。在他们生命中的每一日，都是以革命理论武装各国的工人阶级，组织及统一革命的无产阶级以及领导这一历史运动。他们抚育了很多群众之英勇的革命历史的创造。

关于个人在历史中的作用与社会经济发展的规律性之不可分的关系，普列哈诺夫曾经引证了许多历史事实解释这一点。他解释法国七年战争失败的原因，是由于法军在路易十五时代的散漫和腐败，这种散漫和腐败就表征了法国腐败的封建制度及贵族政治的倾向，在军队中及政府机构中占了重要的地位，这些一般的条件就是七年战争法国失败的解释，比如像苏皮斯（Soubise）那种无能的将军们，不以能力，只以封建关系在军队中居高位，这不仅是个人的腐败，而且是由于当时法国社会制度的腐败。同时又解释这种失败的原因是波巴朵夫人（Mme. Pompadour）的影响，普列哈诺夫说："波巴朵夫人，她的力量并不在于她自己的权力，而是通过君主的权力使君主屈服于她的意识之下……假使受到一个女性弱点伤害的不是一个君主而是一个仆人，她在历史上必然是不重要的。"就因为她的媚态所感动的是路易十五，而路易十五就有权依从她使法国与奥国同盟反对普鲁士，所以说法国的七年战争失败的原因，受了波巴朵夫人的影响。我们知道路易十五是法国历史上一个偶然的因子，不是法国君主必然的属性，但他的腐败就表征了法国当时社会制度的腐败，所以我们可以说，个人对历史的作用与社会发展的规律是不可分的、关联着的。

列宁在一九一八年分析了为什么社会主义在俄国会比较优越地得到胜利。在很多原因中，他指出了俄国资产阶级及地主的统治拥戴了一个白痴的尼古拉斯·罗曼诺夫以及空言家克伦斯基是原因之一。

在今天的日本的王座上，也还是一个白痴的昭和所占据，但是在今天日本社会经济的发展行程上，是否需要这样一个白痴的天皇呢？毫无疑问地是不需要，然而他之被保留，不是他个人有这种权力，而是被当做日本法西斯独裁政治的标志，当做日本资产阶级的傀儡，表征着日本社会经济结构之一定的内容。因此，把一个白痴放在王座上，这也是日本的历史决定的。只有日本的无产阶级革命，才能把这个白痴的日本天皇送到日本的历史博物馆中去。

在今天的德国，许多科学家、哲学家、文学家及其他著作家都被驱逐或被监禁了，德国的人民现在正被一个无耻的和无用的匪徒所统治，这也就表征了德国社会制度的性质。

这样看来，一个历史人物的出现、存在乃至其行动，都是决定于历史发展之客观的因素，决定于历史发展之必然的规律，一个历史人物的本身，则完全是偶然的。同时，一个历史人物之有无力量，伟大与不伟大也不是完全依靠他自己的天才与特性，而是看他是否代表着大众的一般要求，是否是为了实现大众的一般要求而领导这一历史行动。这样，我们便了解了群众与领导者的关系，了解了人类主观的创造作用与客观条件在历史上之辩证的统一。从而我们又知道，只有群众的力量才是推进历史的动力；只有领导者的正确领导才能使群众的力量成为一个真正的革命的动力；只有这种伟大的革命的动力才能推动人类历史的向前发展。历史的发展不是自动的,而是要依于活的人类的创造才得以实现;但活的人类也不能依照其自己意识、愿望而自由地创造,他必须依照于历史发展之一般的与特殊的规律性,所以任何一个历史行动或历史变革,都是由客观条件与主观创造之辩证地统一实现出来。

    著　者
  一九三九年三月一日于沅陵

壹 绪论

一 历史科学的任务

当着中华民族解放战争伟大历史的课题摆在我们面前,而反映到历史哲学上的理论斗争,使现实的斗争与历史哲学的斗争结合为一,历史哲学上的斗争,就成为现实斗争必要的一部分,我们历史哲学的批判,在批判过去中就含着领导现在和指示将来。

中国资本主义自始就没有得到独立自由的发展,因此中国革命任务之一,是反封建的民权主义。中国的民族主义不是大汉族主义,而是殖民地谋解放的反帝的民族主义,它包含着伟大的国际意义。

自大革命以来中国革命尖锐化，于是中国部分的买办历史学者，企图维持中国半封建半殖民地旧有的统治地位，害怕国际革命理论影响到中国民众，害怕中国的解放会影响到他们阶级的没落，于是在历史上曲解中国为一种特殊的"亚细亚的生产方法"，无阶级的"士大夫社会"等，他们说，中国两千年来就没有封建势力，中国是特殊的"亚细亚的生产方法"或商业资本统治着。为要批判这些误解，并展开正确的现实斗争，因此历史科学的研究，在今日这个伟大的现实斗争的时代实为必要。

我们知道，历史不是谎造的故事小说和神话，所以它不是少数人"有趣的音乐"，而是人类在其生活的长期斗争中所展开的社会经济形态之发生、发展与更替的相续的诸过程。社会一切文明的过程，都是劳动者的血与火的记录。换言之，历史绝不是从人类的感情中、美中、真中、善中所发展出来的人类精神和平进化过程之优雅的牧歌，而是人类生活斗争及其革命的实践所推进社会发展之一贯的全面的总述。

正因为历史自身不是一种属于和平进化的、自然的、自发的运动,而是从人类生活斗争中发展出来的产物,所以历史科学也就是以说明人类生活斗争的实践及其发展为任务的"现实的及实证的革命科学"[1],历史绝不是抽象的概念或形式的范畴的产物;恰恰相反,它是人类社会发展的最规律最具体的现实。我们欲了解人类社会发展的规律,不当求之于抽象的概念和范畴而当求之于历史。

用马克思的话来说:"一切过去社会的历史,都是阶级斗争的历史。"因为历史有阶级性,于是历史学家叙述或批评过去的历史,都是站在自己的阶级立场。所以历史学必然是带有社会各集团之阶级局限性的科学。历史科学,主要的是对于其先行时代的诸事实之分析与批判,同时也反映着现社会正在敌对着的诸种倾向与其意识形态。所以当着分

---

[1]《德意志观念形态论》,《马克思恩格斯文库》卷一,第二一六页。

析或批判一切历史事实的时候，便必然直接地当然地站在一定的阶级立场上，而表现出不同的甚至相反的认识。因此，关于历史哲学问题，或是历史方法论问题，常常引起剧烈的斗争。这种斗争，无论在什么程度上，都必然地会反映着现实的斗争，都断然地会在这种斗争中，彻底地暴露出这些历史家自身的阶级性。

关于历史哲学或历史方法的斗争，虽然只是历史家对历史发展的认识与其所反映的意识形态的斗争，但也就是反映着正在敌对着的社会诸集团，对于现实生活的倾向之争取的斗争。这不仅是一个哲学问题、理论问题，而且是一个现实的政治问题。虽然这种理论上的斗争，没有像政治上的斗争表现得那样鲜明那样公然，但这种斗争，比政治上的斗争更来得深刻来得有力，因为它们是最深奥地隐藏在暗室里的一种敌对的阴影，在它们的背后，都有着一定的集团或一定的阶级的人类。所以新的历史科学，就在于以辩证唯物论的火炬，去照明这种隐蔽在历史科学领域之内的诸敌对倾向；就在于站在一定的阶级立场，去消灭站在劳动大众对面的那个阴影；就在于把历史还原到它自己所具有的阶级性、战斗性、实践性、生动性和关联性，把历史科学从那些所谓饱学的奴才之污秽的手中夺了回来，使之成为大众以及一切被压迫人类革命斗争之最高的指导原理。

正因为历史科学是具有阶级性的科学，所以除了最进步的阶级之外，任何阶级也不能给予历史以真正科学的认识。无论封建主义的历史家或资本主义的历史家，他们对人类社会发展过程之历史的理解，都只能局限于其自身所隶属的阶级意识的界限内，从而他们的历史，只是支配阶级或民族胜利的记述，而空白了被压迫阶级或民族痛苦的那一面。

可是，构成历史的不仅是胜利者的凯歌，而且是胜利者的凯歌与失败者的悲号之交响。历史科学的任务，也不在歌颂某一民族或阶级的胜利，而同时必须指出站在这胜利民族或阶级对面的失败的民族或阶级之历史的遭遇，并进而暴露社会各民族与各阶级间生活冲突最基础的原因，给予现在正在被压抑中的民族或阶级以一个最深刻的历史教训，使他们得以从过去历史的失败的原因中，获得其解放斗争的经验。我们研究历史，不是为了宣扬我们的祖先，而是为了启示我们正在被压抑中的活的人类，不是为了说明历史而研究历史，反之，是为了改变历史而研究历史。

　　研究历史不能完全依靠文字的记载，因为文字的记载常有出于小说、故事、神话的假托，马克思恩格斯之所以致力于莫尔根《古代社会》的研究，他们研究北美印第安人的氏族社会、希腊罗马的奴隶所有者社会及日耳曼人的封建主义，其目的是从现存的活的各种不同程度的古典社会形式用来研究过去几千年乃至几万年从原始人类以来的社会发展，从他们研究的结果中，发现一件重要的事实，即私有制度以及由此而产生的阶级社会，不是天生的永恒不变的体制，在它以前，曾经存在过无阶级的原始共产主义社会之长远的历史，阶级社会在人类历史发展的总行程中，不过是历史发展之"一环"或一个"片断"，并且即刻就要随着历史的向前发展而归于消灭的。马克思恩格斯实欲以私有财产、阶级和国家之起源的历史必然性和人类对于历史的创造性用以武装被压抑的人类，使他们深刻地认识历史的规律，和坚决地负起创造新的合理的社会制度的历史使命。

同样的意义，恩格斯之所以致力于德国农民战争史的研究，不但是为了说明德国农民革命的过去，而是要研究工人之未来的联盟者——农民问题的意义。此外马克思恩格斯所著的关于法国革命以后的法国史，德奥革命史，一直到马克思的《资本论》，列宁的《俄罗斯资本主义的发展》、《帝国主义论》，史大林的关于马克思主义的诸问题，无一不是想从历史发展不同的过程中发现革命斗争的规律性，因此过去的历史不只是说明过去，而在实际上，是可以充作现在正在被压抑的人类冲锋陷阵的战斗的指南。

相反地，由无阶级的原始共产制进到古代的奴隶制，通过封建社会时代的农奴制，虽较原始人类的生产和文化大大地进步，但由于它们同是阶级社会，因而这样的进步，还是建筑在阶级剥削关系之上，所以也仍然同为黑暗野蛮的历史。所以在老子看来，远不如上古时邻国相望，鸡犬之声相闻，老死不相往来，主张历史向后倒转，恢复原始共产制。像这样的历史，也曾经一样地显现在我们封建时代历史家的眼里，但他们把这样的黑暗与野蛮，当做是"王道盛世"，用来反对资本主义以维持封建的统治。同样，在近代资本主义社会，阶级剥削这一事实，也一样尖锐地呈现在我们资本主义历史家的眼里，然而他们却把这种制度当做是"人道主义"的特征。他们一致地使用人道言语之描写，把这一历史时代之人剥削人的事实最深奥地隐蔽起来了，企图用来反对社会主义。这是证明一切历史家描写及批判过去的历史，都是站在自己的阶级立场把历史作现实的政治斗争的工具。

但是资本主义学者,当他们自己这个阶级还是革命的阶级的时候,他们"对于尚须进攻的封建制度的批判,也正如基督教对于异教的批判,或新教对于旧教的批判"[1]。"从他们看来世界上只有人为的制度和天然的制度两种制度,封建制度是人为的制度,布尔乔亚的制度是天然的制度。……所以从前虽然有过历史那种东西,到现在却已经没有什么历史了。"[2]这就无异说,在他们以前的历史不算历史;在他们以后的历史更没有什么历史,只有他们所支配的时代的历史才叫做历史,而且是永恒不朽的历史。像这样的胡说,就正是人类在历史科学上之阶级性的实践。

马克思主义者认为,人类历史在发展过程中各阶级的特点不是决定于时代的英雄,而是决定于劳苦大众的社会生产力和生产方法,所以,经济是历史的基础。马克思依据生产方法的更替区别历史的

---

[1] 马克思:《政治经济批判》"序言"。
[2] 马克思:《哲学之贫困》第一一三页。

阶段为亚细亚的、古代的、封建的及近代资本主义的，他不为士大夫立列传，不为贵族立世家、不为古天子立本纪，就是说他不认为历史完全是伟人的创造物。自然，一个作为群众领导者的伟大人物，也或多或少给予历史以创造作用，而认为历史是生产发展过程中的阶级关系和阶级斗争。在历史发展中之阶级社会的全时期中，各个时代的历史家，除无产阶级学者以外，为了辩护其各自的社会利益，都一致有意或无意地隐蔽其阶级榨取之残酷的内容。他们总是一贯地高扬伟人与大才，把人类历史上伟大的成果与变革，不归功于大众在历史发展中的创造作用，而归功于几个"特殊个人"的活动，甚至以为全部历史就是几个"特殊个人"之意识的连续与积累。他们把伟大的个人从大众中孤立出来，把观念与现实的历史分离，把领袖与群众对立，甚至最后把几个"特殊个人"归结于"天命"、"神"，把一切现实的历史，都升华到虚无缥缈的境界。这样，他们就可以使一般被压抑的人类安于非人的生活，而放弃，至少是放松其对于现实的生活之争取，因而借以巩固并延长其自己的阶级之统治，延缓了革命成功的时期，增加了革命过程中的痛苦，但希望永恒不变的社会，结果还是幻想。

所以，在以前所谓历史，分析到最后，除开几个"特殊个人"的琐碎记录之外，仿佛并没有什么其他的行动的人类，除了几个天生的圣哲的思想之外，仿佛并没有什么社会的现实生活。它们割裂历史的全面性，抹杀历史的生动性，隐蔽历史的飞跃性，最后把历史从其具体的历史的现实性中拖了出来，交给"上帝"，交给"皇天"，交给"理性"去管理。像这样的历史，"一言以蔽之，这并不是历史，而是黑格尔式的音乐，这不是通常的历史——人类的历史——而是神圣的历史、观念的历史，据他们看来，人类只是为了发展而使用观念或永久理性的简单工具"[1]。

---

[1] 马克思:《致安乐可夫书》，亚得拉斯基编:《马恩书简集》第九页。

二 历史科学之史的发展

在远古时代，当人类开始知道应用象形文字的时代，他们随着也就知道记录自己的生活和生活的经验。不过在这一时代，可以作为历史记录的材料遗留下来得太少。由于人类生产力的十分幼稚，决定了古代社会的闭塞性与停滞性，因而也就决定了人类对自然的认识与克服的十分无力和模糊，决定了他们意识形态的直觉性和主观性，对于不认识的与不能克服的一切现象，都认为有一个超人的力量，即"神"在那里主持着支配着，这样，他们对一切解释不了的问题，便轻轻地用主观的幻想得着解释了。所以在中国最古的记事历史，安阳出土的甲骨文片，易卦爻辞完全是神学所贯彻的一种记事。迄后，入于奴隶制度时代，随着社会生产力的进一步发展，已经有剩余劳动给奴隶主剥削，因此人类较原来那种幼稚的素朴的认识力，在生产力发展的条件之下，有一步伟大的前进，局部的科学和形式逻辑具有初步的基础。恩格斯说，没有奴隶制度，就没有希腊的科学和文艺，也就没有近代的资本主义。虽然在当时对于历史的说明，依旧在借助于上帝。不过这时和他们以前不同的，是他们已具备一种较有系统的神学观念，并把神学哲学化，形成为主观观念论，但同时上帝却更在哲学上得到保证。

中国的《易经》用卜决吉凶于神，是一种原始宗教的雏形，而卦辞爻辞却哲学化了。在欧洲从希腊罗马时代一直到整个中世纪，在历史学的领域内还是为神学所支配。最有名的便是奥格斯丁（Saint Auguestine）所著的《上帝之城》。他在书中展开他的不朽的历史理论，他给予世界史的构成便是所谓天命的普遍观念之统一。他以为"世界上除了上帝之外，再没有什么实在的东西存在，除了上帝的启示之外，再没有什么人类的现实历史"。这种见解，不仅是奥格斯丁个人，而且是神学史观对整个人类历史之基本出发点。神学史观主要的特征，是要把实际去适应于信仰，适应于预先幻想出来的教条。

他们以为全部的人类历史，不过是由上帝导演出来的一幕悲剧。上帝在导引人类，并把人类导引到他所愿意的或不愿意的方向。人类之穿过继续不断的历史的变革，在这变革的过程中，一部分人锦衣玉食，另一部人饥寒交迫，这都是上帝的意思。这在中国的甲骨文、《尚书》《诗经》以至后来的《国语》、《左传》上，也充分地表现这种神学的历史观，如"天讨有罪"，"天命殛之"，"天用剿绝其命"这一类的话到处都是。这样的理论假若引申起来，那我们就可以说，上帝愿意把一部分人的额上打上奴隶的烙印，上帝愿把村上所有的农奴的少女，都属于其殷勤的封建领主，同样在资本主义社会，上帝又愿意把劳动大众的血汗，一点一滴地榨入资本家的荷包里。同样在现在，上帝又愿意莫索里尼去剿灭非洲的黑人；愿意日本强盗进攻中国；愿意希特勒并吞奥国，乃至指使他去分割捷克；愿意国际法西斯强盗毁灭人类的和平人民。很明显地，这种以上帝为出发点而构成不朽的历史理论，本质地而且必然地是反科学的。他们抬出上帝就是为了辩护资本主义乃至法西斯侵略主义，不是人为的，而是天生的，是上帝的意思要人类执行的，上帝是不可反抗的，而且是永恒不朽的，因为资本主义乃至侵略主义也是不可反抗的，永恒不朽的。

这种神学史观，便成为观念论者历史理论的根源，从这一根源上，展开了后来历史的玄学时代。

玄学史观与神学史观在本质上并没有什么不同，所不同的，就是在形式上，玄学史观把"上帝"这个名词换成"永恒真理"这个观念的术语。在以观念构成的历史来代替具体的现实历史这一根本出发点上，它们是完全一致的。

玄学史观以为历史就是观念的实现，观念经过了各种不同的阶段，历史上的民族和时代都是观念之部分的体化。统一与进步就是这种见解的逻辑之结论。

在历史科学的领域中，这种玄学史观之虚伪的构成，在欧洲从十八世纪到十九世纪初特别地发展，如康德之统制诸民族之史的发展的权利及公正的观念，黑格尔的历史哲学，他们都提出"绝对的理性"，他们都是以自己观念的发展转化而为人类的历史。他们以为"世界历史没有一个世界的统治者是不能的"，而他们所谓统治者便是观念。他们肯定"观念统治人民"，"精神及其合理的意识……过去及现在，都在支配世界上的事变"。同样在中国也一样经过了这一历史科学之玄学史观的过程，从司马迁的《史记》以至杜佑的《通典》、郑樵的《通志》、马端临的《通考》，他们虽然已经在历史学上应用初步分类的逻辑学，但主要的出发点是以玄学为根据的。虽然司马迁诚不愧为中国史学的开山，他开始打破帝王家谱式的历史叙述法，不但以锐利的眼光注视着社会经济方面而写成其有名的《货殖列传》，并且同时为"游侠"、"市者"作"列传"。可惜他未能进一步地以社会经济作为全部中国历史事实的根基对中国历史展开其全面的研究，也未能从社会各阶层与各阶级间之相互的矛盾上去指出历史运动的法则，依旧只从政治的表层形式去说明历史，所以在究极上，他和杜佑等人一样，并没有逃去玄学史观的旋涡，都是以儒家的伦理主义贯穿中国的历史。

总之，在这时代的历史家，先天地在一切之前就已深信事实为观念的化身，于是观念就构成一个包罗全部的历史法则，而且以之建立与诸事实间的关联，决定历史本身的特征。像这样反科学的历史理论，在当时，甚至在现在，构成了一个整个强有力的体系。自然像这样的历史也不是真实的历史，而是超现实的、观念的历史。

把历史材料加以科学的整理，设定人类社会发展法则的最初尝试者在欧洲是由费柯（Giovanni Battista Vico）开始的。他在其所著的《关于诸国民一般天性的新科学原理》一书中，由隐秘在人类天性中的内在诸因素来说明人类的发展，即由一切民族独立地经过相同的发展过程这一法则来说明人类历史发展的规律性。费柯把人类在历史上之发展的路程，分为神话时代、英雄时代及人类时代三个阶段。他所谓神话时代，即所谓人类发展之氏族时代；所谓英雄时代，即人类发展之封建时代；所谓人类时代，即费柯自己所生存的资本主义社会的萌芽时代："在这个时代，理性的性质及人类特征的平等，已经能在市民的及政治的平等中显示出来。"[1]费柯的历史理论就是完全适应这最新登场的布尔乔亚之需要的。从费柯以来，就有了资本主义历史科学的二元论，即用唯物论来解释普遍的观念论之存续的各个历史上的问题。一切后来的资本主义奴役的学者，一直到最近他们的历史理论家，都是以历史过程之观念论的解释为基础。法西斯的理论家，并且又牵着哲学和神学结婚。

在中国最初企图以科学的方法整理历史的是梁启超，他在其所著《中国历史研究法》的著作中，主张把历史联系到一切其他的自然科学与社会

---

[1] 马昆莫夫费斯基：《费柯及其社会循环论》。

科学，如政治学、经济学、土俗学、地质学、考古学等等的科学去研究，这样的历史研究法，在梁启超的主观上已经是尽力在应用实验主义的科学方法，——虽然他并没有圆满地完成其这一愿望。他同样只从现象去说明现象，以政治作为一切历史事变的根源。所以究极上，他虽然和乃师康有为一样在反对儒学，而儒学家的血流在梁氏的史学中仍保留着不少的成分。

继梁启超而起者，有胡适、钱玄同，他们虽然在历史科学的理论上没有比梁启超进步，却当他们在理论上研讨的时候，便转而从破纸堆中去整理史料，想从史料的考证中去证明其自己的历史理论。这到顾颉刚反获得其较多的成就了。不过在他们应用实验主义考证方法的时候，应用新科学方法来考据的工作也已由郭沫若等在开始了，而且在史料的考证上，已入于一个新的进步阶段。

在形式上寄生于新兴历史科学与实验主义之间的，便有陶希圣的波格达诺夫与奥本海末尔之混血——其实是归宗——的历史研究。这位"天才的"历史家,曾经独创了不少的历史名词与历史理论,并且也还在中国历史上制造了一些人类历史上所没有的历史奇迹。然而就因为他们独创与谎造,在中国历史上也就造成层叠不穷的曲解,尽了不少毒素的散布的责任。

一直到现在,我们许多的资本主义的历史家,还停留在历史科学的这一阶段,甚至退回到神学史观的阶段。[1]他们不但拥护观念的万能,不但拥护永恒真理的神圣,而且进一步后退到玄妙的"僧侣主义"。他们穿着中世纪主义的衣裳,已经毫不知耻地倒在上帝的怀抱里了。他们与他们前辈不同的地方,不过是把他们前辈的朴素淡泊变成艳装娇态而已,科学对于他们只是变为一种浅薄的公式,除开了一些温情的鄙俗的文字卖弄,以图把一切现实生活之残酷的内容引渡到玄想以外,什么也没有。

---

[1] 原文如此。——编者注

在结论上，可耻地，他们对于现实的历史什么也不知道。尤其滑稽的，他们为了要冒充新兴的科学，但同时又要承袭其观念论的血统，又不能不抄袭一些他们所不懂的科学名词嵌进他们主观主义的公式之中。这样的现象，在欧美、在中国都非常普遍，这就恰恰说明了观念论的历史理论之萎缩与贫困。

最近布尔乔亚的没落与无耻，随着侵略主义之嚣张而愈益采取公然的态度，那些法西斯侵略主义国家的历史家——侵略主义的合唱队，他们已经在历史科学的理论上以法西斯主义的形式而出现。如特罗希（Troeltsch），他认为历史是"神圣基础的启示"的表现，某些人类被压榨，某些人类之所以变成压榨者，都不是人的意思，而是神的启示，所以，希特勒在并吞奥地利之后，在维也纳公开地向奥国人民说："上帝要德奥合并。"其次如柏罗（Below），他以为在人类社会各部门之间没有任何关系，某些方面可以发扬繁荣，而另一些方面则可以衰落，至于历史中的基本因素则是政治，而不是经济。这一方面是说明侵略国家之发扬繁荣，弱小民族之衰落都是历史的宿命；另一方面，又很明显地宣布政治的力量可以改变经济之"暴力主义"。此外如墨内克（Meinecke）则公开地宣言，国家不是别的，而是"永存的观念"；他以为历史活动中，只有物质的部分是服从因果律，而精神文化则不服从因果律。总而言之，在历史科学上，法西斯主义者都忽视一般的经济生活，忽视历史的发展，他们以为一切社会生活，都是在国家机构之中被创造出来。因而在这一原理之下，制造出狭义的绝对的国家主义。自己的民族是最优秀的，他们创造了光荣的过去，其他一切民族则是低级的，理应处于被压迫的地位。他们对过去历史的记载，充满着神话、战争、帝王与英雄的事业等，用历史来创造崇拜英雄与好战的群众感情。希特勒的党徒们公开地造谣，他们说："欧洲史是诺尔底族（Nordie Race）人的工作。"莫索里尼的党徒们也公开地狂吠，他们说："意大利人再不是柔和月夜的歌者，而是士兵的宗教的人们，是对自己的信仰具有神秘火焰的狂热的战士。"他们公开地反对历史的客观性，以为"历史教科书中的客观性，只是自由主义的许多谬见中的一种，研究历史的不是一般的人，而是德国人、法国人或英国人等，我们永久不能不偏不倚地来接近历史，而是以德国人的资格来接近历史"。一九三三年德国内务部长给编纂教科书的指示，谓历史的开始应是日耳曼的原始森林，不是尼罗河或幼发拉底河。古条顿族的德行应充分地宣扬，以引起民族的自尊心。对最近二十年的德国历史应行着重，特别是大战中对世界的斗争。人家对德国的诬蔑，《凡尔赛和约》给予德国的损失与耻辱，自由主义与马克思主义政府的混乱，并且特别宣扬国社党对民族的觉醒与解放的功绩。此外着重国家观念以对抗国际观念，因为后者之卑劣的毒素，百多年来，已威胁并吞噬了日耳曼灵魂。德国史不应限于德国国境以内，且要注意国外同胞的命运。在教科书中，应该特别着重查理曼·腓特烈大王、俾士麦乃至希特勒这些巨大人物。最后，则谓种族因素是历史的中心主题。诺尔底诸部落，浸透于印度、小亚细亚、北非。希腊与罗马，正是由于诺尔底族的影响才决定古代史的命运，不幸后来为劣等种族所渗透才表现中落的现象，而现在则应从这里恢复过去的光荣。

法西斯的历史学，已经不是记载或解释过去的事变，而是公开地造谣，根据一定的侵略政策来谎造历史，为了要并吞奥地利乃至进攻捷克斯拉夫以及中欧诸小国，他们便不能不提出"注意国外同胞"的口号；为了要恢复原有的殖民地，他们便不能不提出"印度、小亚细亚、北非"这些不能忘记的地名；为了要提高希特勒的威权，他们便不得不提出"查理士·腓特烈大王、俾士麦"这些人名；为了要诱惑并激励人民对重分殖民地战争的热情，他们便不得不提出《凡尔赛和约》的损失与耻辱；为了要鼓动并执行进攻苏联的战争，他们便不得不大骂"自由主义与马克思主义的混乱"；为了要巩固并加强法西斯的野蛮统治，他们便不得不夸张"国社党"

的"功绩"。总之一切的理论,都是适应于法西斯的党徒之需要而制造。布尔乔亚的没落反动与无耻,到法西斯主义已经表现得尽情极致了。

旧来的历史理论之能进到真正的科学阶段,是由于马克思恩格斯的史的唯物论之建立。这种哲学是新兴的劳苦大众的哲学,是从来社会发展理论之最高的成果。他把社会发展与历史上一系列之生活斗争的实践相结合,指示出可惊的多样性、阶级之矛盾对立的统一性、社会相续的变革性的合法则的过程,即历史之科学研究的道路。

这种历史理论,是在怎样的环境之中创立的呢?我们知道,它是和旧的直观的唯物论与观念论的历史观的斗争中创造出来的。因为它是基于现实的历史研究之故,所以它的内容不但是科学的,而且还是具有实现的革命性的科学,它明白地指出了社会诸敌对的关系对历史发展的决定作用。

史的唯物论的创始者马克思和恩格斯,对人类社会之史发展现实的研究,已经达到这样一个普遍的结论，即阶级斗争是历史发展的原动力的这一结论。他指明"过去一切历史，除原始时代而外，都是阶级斗争的历史"[1]。历史科学的任务，就在于把这个结论和历史进程的普遍理论相结合，进而理解并揭发阶级斗争之真实的原因与指导历史发展之实践的动向。所以历史一直到马克思恩格斯把它放在史的唯物论的基础上才成为真实的科学。

关于这一点，列宁曾经这样说过："科学的思想之最伟大的成果，就是马克思的史的唯物论。直到现在，支配于历史及政治见解上的混乱与武断，都由整个的科学的理论来代替了，它显示着一个社会生活之组织，作为生产力发展的结果，以及如何发展到较高的组织——例如资本主义如何从农奴制度中生长出来。"[2] 这即是说，马克思恩格斯在历史理论上，对于规定人类的历史运动和极其正确

---

[1]《列宁全集》第三版，卷十，第三五页。
[2]《德意志观念形态论》，《马恩文库》卷一，第二一九页。

的说明之根本的合法则性，是出发于现实的生动的历史中所发现的事物的必然性。他们确立了人类历史之最基本的前提，以为："在一切历史的解释上，第一而且必要的，就是把这根本的事实，在其全体的意义上和其全体的范围上来观察，而加以正当的评价。"

总而言之，所谓史的唯物论的历史观，是要求对于整个世界史"从其联系上、运动上、错综上、生产过程上去理解的——从辩证法看来，上述的现象正是辩证的方法，辩证的论据"[1]。所以关于整个宇宙及其发展与人类的发展，以及这种发展在人类头脑中的反映，如果要得到正确的说明，就一定要应用辩证的唯物论。

把马克思恩格斯所创立的史的唯物论的历史观，使它得到更高发展的是列宁和史大林。列宁的《帝国主义论》，不仅是马克思的《资本论》的

---

[1] 恩格斯:《反杜林论》第二一五页。

继续，而且是他更高的发展，这两部伟大的历史著作，都具有巨大的行动力量，都是劳苦大众阶级斗争的武器。

我们知道，当马克思著作《资本论》的时代，虽然资本主义的生产方法已经出生有相当的时期，但在很多国家中，还没有成为支配的生产方法。马克思在《资本论》第一卷的"序言"中，曾经这样写："我们……不仅因为资本主义的发展而受苦，而且同样也因为资本主义的发展不充分而受苦。"在当时资本主义还在青年时代，受着狂热的欢迎与赞扬，一般资本主义的代言人都一致地说它是人类历史发展中永久的体制。马克思的伟大，就在于他坚决地指明这一制度是历史的暂时性与其没落的不可避免性，并从而指出其向着社会主义社会转化之历史的必然性，因而这个社会形态的历史使命，就是在于准备社会主义胜利的前提。所以他尽量地揭开资本主义整个内部的矛盾，依据辩证唯物论对历史发展之资本主义阶段，作深刻而精细的理论分析，实际上，他的分析是无尽的实际材料被融化以后所产生的结论。所以在《资本论》中，理论的叙述是从人类社会的整个历史过程出发的。他叙述的文字虽然深奥，但是由于他那种对榨取者的愤恨，对一切奴性学者的卑视，因而仍然是劳苦大众意识的复写。不过，因为他所生存的历史时代，资本主义还没有发展到帝国主义时代，但是他对资本主义的以至人类未来的前途的历史倾向之指示，已经在历史的实践中证明其百分之百的正确。

在《资本论》出版后的半个世纪，列宁从马克斯恩格斯理论的基础上，又作了一大步的发展——去继续研究资本主义的发展，他的《帝国主义论》就是紧接着马克思恩格斯死后所中断的那里作起点的。这一个研究不只是马克思历史事业的继续，而且是他的进一步发展。他运用辩证唯物论的历史方法论，运用半世纪以来资本主义发展中的大量具体材料，指出了资本主义最后阶段——帝国主义时代——的诸特征和其必然没落；劳动阶级的革命及其必然的胜利。他对于大群的资本主义代言的奴才作理论上无情的斗争，把唯物辩证法的斗争性充分地发挥了出来。

史的唯物论到了现在这个时代，即社会主义已经在苏联取得了胜利的时代，同时世界劳苦大众与其压榨者已经展开了残酷的斗争的时代，资本主义已经发展到最后的腐烂的阶段，从而在政治上表现为最反动的法西斯侵略主义，他们积极地到处发动殖民地再分割的战争，在最近几年来，一切的征象，都表现了人类历史发展到今日，已经到了一个突变的时代。在西欧正在进行的西班牙的反法西斯侵略主义的战争，在东方中国的抗日战争，都指示了历史突变的开始。于是史大林又根据这一时代具体的历史事实，说明苏联一国社会主义建设可能的真理，以及这残酷斗争的历史时代——反动势力和前进势力的斗争、过去与未来的斗争、将下台的资本主义和上升的社会主义的斗争——的诸特征。他一方面指明帝国主义阵线因世界再分割的斗争以及阶级矛盾的锐化而衰弱了，这种衰弱使劳动大众得以去切断其中最弱的一环,而且使一国内社会主义胜利成为可能。但是只有党的正确策略,只有与反对社会主义建设的敌人作无情的斗争,才能保证这种可能性转变为现实。

因此,他以为对于托洛茨基派和右翼的歼灭是多数党的大功绩,他们的清除是苏联社会主义胜利最重要的一个条件。同时,社会主义国家应该运用全世界被榨取的大众国际无产阶级的伟大力量,帮助弱小民族的解放。所以为列宁所创立的"资本主义不平衡的发展法则",史大林又运用不同的历史环境中的历史材料,使它得到一个更高的发展,即指出了反侵略斗争的理论,是全世界被压迫的殖民地奴隶和无产阶级走向解放与自由的唯一的历史斗争。

现在一切历史的倾向,都向着马克思恩格斯所指明的方向继续发展,并证实了马克思、恩格斯、列宁、史大林主义指导的正确性,德国和意大利的法西斯主义当着全世界的眼前,公开地在西班牙进行占取领土的干涉，努力想把这个国家变成他们继续向前开拓的营业。日本强盗正在用全副的武装来实现对于中国领土并吞的企图。意大利法西斯已经并吞了阿比西尼亚，德国法西斯已经并吞奥地利，并且又在积极企图进攻捷克斯拉夫，这一些现实的事实，都证实了历史的突变之来临。

在中国开始以史的唯物论把历史来作系统研究的要算是郭沫若，他在其所著的《中国古代社会研究》的"序言"中，自己说是应用恩格斯的历史方法论研究中国的古代社会，虽然他对于社会形势发展的诸阶段有许多的错误，对于辩证唯物论的运用也不十分正确，但由于他从唯物论的观点出发，从物质基础上去说明中国古代社会的政治乃至意识形态，所以他在中国历史的研究上是有着相当贡献的一个人。

从此以后，由于中国的革命走入一个苦闷的环境，不免有一部分人从现实的革命战线上退回到研究室，相率研究中国社会之历史的发展，想从历史的发展中重新估定中国社会今后的一条正确出路，于是在"九·一八"事变以后，在中国展开了热烈的社会史论战，如李季、王礼锡、胡秋原等，都曾经对于中国社会史加以一番检讨，但这些社会史的战士不但是史料的搜集不够，而且对社会科学的素养也不够，所以在当时他们都一致以引用马克思恩格斯的词句为渊博，主要的在辩护其个人的偏见而忘记了现实的历史，忘记了马克思对历史发展之整个的见解，因而变成了经院式的诡辩，而不是史的唯物论之应用，虽然他们也提出许多历史上的重要问题，但始终没有得到正确的结论。自然这也是初期历史科学研究中不可避免的现象。

在中国历史研究的领域中，近来渐有能够比较正确地运用辩证唯物论的，如吕振羽，他在其所著的《史前期中国社会研究》、《殷周时代的中国社会》，以及《中国政治思想史》的诸著作中，都能比较灵活地运用史的唯物论的思想方法，以从事于中国社会的政治经济，乃至意识形态之史的发展之阐明，并且开始用这种方法把中国史来作系统的叙述。虽然在他的著作中也有不少的地方是值得批判的，但总是比较地前进一步了。

随着伟大的中华民族解放战争之开始，中国各党各派的统一阵线之形成，中华民族正在向着独立自由与幸福的解放途中前进，于是对于中国社会史的研究，又转入一个新的时期，在这一时期中，有何干之的《中国社会史问题论战》及《近代中国启蒙运动史》，他重新提起许多历史上还没有解决的问题，特别指明中国革命运动之史的发展，企图指明中国社会从殖民地转化为独立自由的社会这一前途。可是他仍然没有尽量地运用具体的历史材料，仍然偏于方法论方面的讨论。

三　历史科学的阶级性

由于上述的历史科学之一贯的历史发展，我们知道，历史理论的自身也和历史自身一样是具有其发展之诸阶段的，而且在各个发展阶段中都具有其客观和主观的局限性。正确地说，历史科学是具有阶级性的。如果抹杀了历史科学的阶级性，这就等于否定历史自身使之离开现实的真理，从而历史就不但成了背离对现实的指导任务的游戏，而且无异把人类全部历史变成一种神话。在这一点上，又正在表现着贵族的布尔乔亚的历史理论的浪费与无力。然而这正是那些以暗箭向着已经抬起头来了的新兴科学，而死守着旧秩序的那些奴性的历史家，把历史当做取悦于他们主人的一种无耻的梦呓。他们之所谓消灭历史科学的阶级性，就正是他们自己在历史科学上之一定的阶级性的实践，例如在各阶级间执行相互斗争的场合，历史科学就有其不同的阶级性；在我们目前以整个民族去反抗侵略的时候，历史科学就具备着斗争的民族性。这就是以人类生活斗争中之各自集团的立场而有着集团性。这种历史家的阶级性或集团性正是生活的实践。从而他们的认识就多少要受到其自己集团的主观条件和客观历史条件所局限。马克思对于这一点,曾经这样说过:"人类仅在一定的条件底下……方能自我批判……一待耶苏教准备作某种程度的或所谓自动的自我的批判,他便能帮助我们达到对于以前的神话之客观的认识,同样布尔乔亚社会的自我批判一经开始,布尔乔亚经济学便也随着理解封建的古代的及东方的社会。"比如奴隶所有者社会对于奴隶之单纯剥削的方法,在封建领主看来是一件最愚笨的事情,封建社会对农奴之"超经济强制的剥削",在资本家看来,倒不如以"自由劳动"的美名进行更残酷的剥削来得更聪明而有利。因此社会、政治、意识形态的各方面,都配合着在发展,而又区分为各个不同的前进阶段。

"在罗马皇帝时代,喂了海鳗在人造的池中……罗马的人民缺乏为买面包所必须的东西,而罗马的贵族并不缺少奴隶为他们饲养海鳗。"在我们比较进化的封建领主看来,也许认为是罪恶。然而这正是奴隶主贵族认为是他们的质朴的风俗与伟大的道德。同样，当封建领主以暴力把所有的土地收夺为自己的私有，把大多数人类转化为自己的农奴，把村上所有美丽少女的初夜权都属于自己的特权的时候，我们正在被压抑下的市民阶级也认为这是值得愤怒的。然而随着历史的发展，这种白昼横行的封建罪行，即刻就变成了我们布尔乔亚"文明幕布"后面的罪恶。商业日益更甚地采取了欺骗的性质，他们革命的箴言"博爱"、"自由"、"平等"，实际上就表现为竞争中的诡计与嫉视。贿赂代替了暴力的压迫，金钱代替了枪尖，成为社会权力的主要来源。初夜权从封建领主转于富豪的厂主。然而这样的情形，在布尔乔亚自己看来，却不是什么值得愤怒的，恰恰相反，而正是合理的。"文明"内容，正是"人道主义"的特征。所以马克思说："我们不能本着变革时代的意识来判断这变革时代。"

历史上的事实，证明了布尔乔亚在最初的时候，即当他们还是封建社会中一个被压迫的阶级的时候，还正在从农奴中兴发起来，但一定要把贡税献纳给封建贵族的时候，他对于必须进攻的封建领主，曾发动了不断的英勇的斗争，德国的农民战争、法国的大革命，这都是有名的布尔乔亚的革命战争。

只有当布尔乔亚自身还是在被压迫的时候，而且是需要推翻封建制度的时候，他才承认历史上没有永恒不灭的制度，一旦我们布尔乔亚自己登上了历史舞台，即一旦把他们自身超升到支配阶级的地位的时候，为了要永远保持其阶级支配，于是不能不把能动的历史变成不动的历史，把当做历史发展中一个阶段的资本主义制度当做是永恒不灭的制度，把由他们前辈从封建领主手中夺来的支配权剥削权当做是天赋的特权。这样，资本主义制度，不但形成历史的起点，而且还是历史的终点。他们的逻辑是这样：资本主义制度的延长就是人类历史的发展，反之，资本主义制度如果消灭，人类也就没有历史了。从这种历史理论出发，在资本帝国主义临末的尖端上，便出现了法西斯侵略主义，企图去延长资本帝国主义的统治，这在法西斯历史家看来也正是人类历史的前进。可惜历史自身已规定它是历史的反动。

总之,他们以为资本主义以前的历史,是为了准备资本主义制度而存在的,但是资本主义的自身却不是为准备一个更高的历史形态而存在的,反之,他们却以为不管历史发展到一个什么时代,总不能超出资本主义的范畴,这就无异说,人类的历史不是人类的历史,而是我们布尔乔亚独有的历史。他们只许历史从封建制度转变为资本主义制度,而绝不许他们神圣的资本主义制度再转变为更高发展的制度。这样的理论,就正是我们今日资本主义历史家效忠于他们阶级支配最高的无耻谰言。现实的历史已经证明资本主义的历史已走到尽头,一九二九年爆发的世界经济恐慌、政治恐慌,虽然经过一九三五年后的所谓景气之恢复,但现在却又跃入了一个更高的恐慌阶段。资本帝国主义已无法继续对劳苦大众和殖民地大众的统治,出现那残暴的野兽主义去屈服其国内劳苦阶级和弱小民族的反动的法西斯主义，它以破坏人类和平秩序与残暴侵略的进行，去维持资本主义的生存。为其说教的法西斯的历史家也便愈趋下流、无知，公然地反对科学，因为无论任何庸俗的科学，任何无知的曲解，法西斯都没有权利去接近的，因而把希特勒、莫索里尼的反动的"暴力"，当做历史理论的基本原理。他们希望以"暴力"实现考茨基所发明的"超帝国主义"的理论，拥护希特勒"暴力就是公理与正义"的侵略主义者的狂言，拥护殖民地再分割及进攻苏联的反动战争。这种理论，跑到殖民地变而为出卖民族，破坏民族统一战线的"失败主义者"、"投降主义者"的均势论者，反叛民族解放、革命战争的根据。所以到现在，他们的历史科学不是历史科学，而变成了法西斯侵略主义者掠夺战争的战斗教程了，变成殖民地汉奸出卖民族，出卖祖国，出卖革命的卖身契约的张本。

当着中国现在，正在遭遇着这样一个伟大而又艰苦的解放斗争的历史时代中，为了使这一伟大的斗争获得最后的胜利，我们实在需要正确地认识我们的历史前程；为了要正确地认识我们的历史前程，因而对于历史发展之一般性及其特殊性必须正确地把握。这样，我们才能依据正确的历史倾向，向着正确的历史前程进发。在历史发展的激流中，我们要把握历史发展的每一瞬间的变化，我们要在每一瞬间去寻找我们可以前进的间隙，扫荡足以障阻我们前进的一切反动的理论，我们要在我们实际斗争的生活中，去创造充实并发展我们的历史，以及历史的理论。马克思、恩格斯已经指明了整个人类历史发展的前程，——尤其是资本主义暂时性和崩溃的必然性，列宁又接着在其反帝国主义实践斗争中，在其社会主义的革命运动中，证实了由于资本主义发展的不平衡法则，以及它们彼此间的矛盾的尖锐化，社会主义有在某些国家单独胜利的可能。这就是说人类历史发展到今日，一切客观条件都准备了历史突变的可能。史大林在社会主义社会的创造中更证实了社会主义的历史胜利。现在，我们的民族的反侵略斗争，也就正是在同一目的的另一方面的一个历史斗争，也就是马克思所指明的这一历史倾向之实际的发展，所以在今日——尤其在今日的中国，把历史的理论问题，尤其是孙中山、列宁、史大林关于民族问题的理论与实际重新提起，并且把这种理论贯彻到实际斗争中去，作为斗争的指导原理，不是一个经院派的学究的把戏，而实为一个迫切的政治任务。

贰 历史发展的合法则性

一 一般性与特殊性之辩证的统一

人类的实践生活及其发展，在历史发展的诸时代中，不仅在形式上表现为最多样最复杂的形态；在本质上也表现为不同的诸构成。历史科学的任务，不仅在把这些诸形态与诸构成依照其时间的顺序加以排列，或是性质的异同加以分类而已，而且是要从这人类实践生活的发展过程之关联中、变动中，即从人类历史运动的总行程中加以全面的分析，而且是要把浮现于历史表面上的诸复杂现象"放在其基础的推动力上，使其归结于生产力的发展与生活斗争之中去"[1]。然后从这历史发展之基础的推动力上，抽象出历史发展之合法则性的法则。这种法则，又往复来说明并指导人类实践生活的发展之历史的具体性和规律性。所以历史科学的研究，只有发现那支配着人类历史的合法则性，把历史的具体性复现是最重要的。

所谓历史的合法则性，即关于历史上各时代社会经济形态的诸构成之发生、发展、崩溃与由一形态向另一形态转化的一般的法则及其特殊的形势。这种合法则性，虽然自然科学家早已在自然界中发现了，但是把它应用到人类社会的历史发展之理解的，马克思是第一人。这不但证明了自然与人类社会之辩证法的统一，而且指出了历史发展合法则性的科学的根源，在历史科学上成功了一个巨大的进步，人们从此才理解历史的发展是服从种种一定的客观的法则。

---

[1]《列宁全集》卷十三，第一四三页。

自然科学家在自然界中发现了许多必然的并有规律性的关系，证明了同一诸原因，可以产生同一诸结果。马克思就以这同一原理应用到历史科学之研究，他首先在现实的历史中发现了贯通人类社会历史的一般法则。这种法则，决不是观念论者所谓"永恒真理"、"绝对理性"或"神圣预启"；恰恰相反，而是被抽象了的、被总和了的、被思考了的实践。它既不能离开现实历史而孤立，更不能与现实历史对立。实际上，它就是全部人类具体历史之抽象的说明，照列宁的说法，这种一般法则就是"历史过程之不可避免性"。这种历史的抽象是怎样达到的呢？马克思说，我们若是从混杂的全体开始仔细分析起来，我们就会达到一些次第的单纯概念。所以我们必须从想象的具体，进到逐渐不完的抽象，直到最简单的概念，因而历史发展的一般法则虽然是一个最简单的概念，却包含着最复杂的现实内容。它是从几千年来各民族具体的历史发展中抽象出来的一般的法则。比如人类是不管属于那一个种族、那一个地域，都是由人猿转化为人类；又比如在人类创造并使用劳动工具的进程上，一般都是由木器、旧石器、新石器、金石器、铁器而蒸汽机器、电气……又比如人类在其历史发展中，都经过氏族社会才转化为阶级社会。人类的两性关系，都是经过杂婚、彭那鲁安、对偶婚，才进到所谓"一夫一妻制"，这都是一切民族历史发展过程中所共同的现象，所以是历史的一般法则。这种一般法则，绝不是从一个时代、一个民族的历史中所能发现，而是从许多民族和国家的历史事实中，即世界史之综合的现实过程中抽象出来的。

人类历史上的发展，都是经过同一的相续的诸发展阶段，具有其一般法则，然而由于空间的地理环境等条件的歧异，也能给予以各自不同的特殊性。所以历史科学的研究，固然要以一般的发展法则为前提，但只是理解一般的法则性或世界史的一般发展途径是不够的，因为世界史发展的一般法则并不能把特殊性摒除，反之，必须从历史发展的一般性和其特殊性的统一的探究中，才能复现各民族与各时代的历史之具体的内容。所以历史的研究不仅在探求一般法则，而且探求特殊形式，即是说不仅在从多样性的具体历史中抽出其一般性，而且还要从其一般性中去认识其特殊性。即同时必须辩证地顾虑到各个时代和各个地域之历史的特殊法则，虽然这种特殊性又经常地从属于一般法则，但特殊性却又正是各别民族历史的具体内容的构成之重要契机。所以凡是毫不顾虑特殊诸关系而拖出来的一般性的法则，结果一定会被我们观念论者牵引到抽象的结论上去的。

在社会中乃至在自然界中，完全同一的两个现象是绝对不存在的。例如历史上各民族都经过奴隶制，这是历史发展的一般法则，但希腊罗马而外的奴隶制与希腊罗马的奴隶制就表现为不同的形态，这就是各民族历史发展的特殊法则。又例如封建社会是历史发展中的一般法则，但在世界各国，又都有其特殊的形式。列宁说过："同一的多样性，就在人类为了要从今日的帝国主义走进明日以后的社会主义革命而应走的路程上，也是表现着的。一切国家都会走入社会主义去的，这是一个必然。但他们不是精密地经过一切相同的途径而走到社会主义的。各民族都由于民主主义之差异，无产者独裁的形态之差异，以及存在于社会生活各方面的社会主义变革的调子的差异，而刻印着他们的特色。"

因此，史的唯物论者所谓历史发展的法则，总是丝毫也不忽视特殊性的意义。反之，"像那些只是站在史的唯物论的名字之下，而把这个关系中的将来包裹在一片灰色里面的观念，从理论方面说，再没有比这可怜的，从实际方面说，也再没有比这更可笑了。那是极庸劣之愚笨"[1]。

这样看来，如果要正确地理解历史发展的合法则性，只是孤立地考察一般法则与特殊法则个别的作用是不够的，我们必须要进一步理解它们之间的

---

[1]《列宁全集》卷十三，第二七九页。

关联和统一。

在历史发展中,特殊性与一般性不能游离,同时,也不能以一般性去掩盖特殊性,前者只对后者起主导作用,所以只有从把握特殊性与一般性的统一这个观点才能正确地理解历史本身之具体的内容。例如历史中之阶级社会是以剥削关系为基础而建立起来的,这是历史发展之一般法则。但阶级社会之各个历史时代,或因其所与的空间不同,又各自形成其自身发展的特殊形式,虽然在一方面看来,奴隶主对奴隶、封建领主对农奴、资本家对工资劳动者所施的剥削都是剥削,但在特殊方面,则表现为各种不同的形式与程度。所以在同一历史阶段,在两个不同的民族中,因地理环境等条件的不同都多少有些差异,如果只是以剥削之一般性质来说明这些诸阶段之历史的内容,则必然不能把握这些诸阶段的特征之具体内容,从而也就不能正确地理解这阶级社会的历史的具体内容。反之,如果只去夸张个别民族史的特殊诸现象而忘记其一般性,或不把这些特殊性统一于一般法则之中，则不但对于整个人类历史无法得到正确的说明，而且必然归结为统治阶级利用的多元史观。

形式主义的理论家，总企图把那些类似的特征归纳起来，再把那些差别除去，以形成抽象的一般概念。然后把一切现实的具体历史，笼统地嵌在他们的所谓一般法则之中，反之，却又从个别的观念去加以夸张，而引出其所谓个别民族历史之特殊的法则。把历史的特殊性和一般性都形而上学地把它们全部蒸发，结果只留下一个抽象的概念，把概念的发展法则当做现实历史发展的法则。

最后我们还要提到的，近代许许多多流俗自然科学的唯物论者，他们总想把生物学的、物理学的、力学的等等自然运动法则或机械的运动法则去说明人类历史的运动法则。他们想把历史发展的法则，曲解为自然进化、机械移动。这些自然主义者、机械论者，无非企图把作为历史发展的动力之内在的诸矛盾斗争的运动法则，还原为简单的外力的移动法则，把由矛盾斗争所产生的历史的突变性——革命——转化为和平的进化。换言之，就是企图把历史的辩证的发展法则转化为机械的发展法则。这种理论之另一表现的方式就是经济史观，他们完全把客观存在僵尸化，把人类之主观的创造作用完全给以否定。所以在究极上，便都要达到进化论、宿命论、不断革命论等等的谬见。

二 关于历史发展诸阶段的几个问题

关于历史发展之一般法则，马克思在一八五九年写的《政治经济学批判》的"序言"中，曾经有如下的指示：

"大概说来，亚细亚的、古代的、封建的及近代布尔乔亚的生产方法，可以作为经济上社会构成之相续诸阶段。"

这个社会形式的发展诸阶段，马克思是根据一般人类社会的生产力与生产关系间之矛盾斗争的统一及其分裂的诸过程作出来的结论。自然，他不是指的某一地域的人类，而是指的全人类的历史，都是同样经过了这一系列的发展阶段——自然也有一直到现在还停留在古代的生产方法以前的氏族——才到达今日的这一历史时代。不幸这一公式不能为它的后继者正确地理解，因而引起了无穷的争论，如亚细亚的生产方法、古代的生产方法，都成了历史科学上争论的问题。这些问题一直到现在还不能说得到了正确的解决。此外波格达诺夫之流又提出所谓"商业资本主义"社会问题，这些问题如果不能得到正确的解决，对于历史发展之合法则性是无法说明的。因此，为了说明历史发展的合法则性，不能不把这几个问题简单地加以叙述。

（一）亚细亚的生产方法

把亚细亚的生产方法首先当着一个问题提出来的是普列哈诺夫，他在其名著《马克思主义的根本问题》中，以地理史观的立场很肯定地说，氏族社会解体以后，人类历史便向着两个可能的前途发展，一个是亚细亚的生产方法，一个是古代的生产方法，这两种经济发展的模型不是相续的，而是并存的。

普列哈诺夫这一历史发展的二元论，是后来一切机械论者、地理史观者依以曲解史的唯物论的根据。如李·耶札诺夫（D. Riazanov）、拉狄克（K. Radek），甚至经济学名家瓦尔加（E. Varga）都承袭着他的错误的见解。这种地理史观一直到马札亚尔（L. Madjar）之"水的理论"的出现便集其大成。到最近，中国社会史的研究者，我们德国同道瓦特福格在其名著《中国社会和经济》一书中，便更从这一错误理论的基础上，发展而成为唯技术史观。

随着一九二五到二七年间中国大革命的爆发，这一攸关中华民族历史实践的课题，在中国、在日本、在苏联的历史科学的领域中都展开了激烈的论争。自然这其中有一部分人想以正确的历史方法论来说明中国的社会性，使理论不致落在实践的后面，从而以历史的原理指导中国的解放斗争，走上正确的历史前程；另外又不免有好些人从某种立场上企图来曲解中国的历史。可惜当时的进步的理论家对于这一问题也都没有得到正确的总解答。马札亚尔派的理论家则强调地理的条件，强调"东方的"特殊性，支持其亚细亚生产方法论。哥德斯派则以为亚细亚的生产方法是马克思对于东方社会留下来的一个空白，完全否定"东方的"社会的特殊性，从而否定"亚细亚的生产方法"之存在。

经过一九三〇年苏联农业研究所关于这一问题的批判大会以后，马札亚尔放弃了他的主张的一部分，哥德斯的见解在苏联的史学界便起了支配作用；波卡洛夫的历史著述，甚至名哲学家米定的哲学著作，都受了他的影响。到一九三一年二月，东洋学会和东洋研究院又共同召集一次亚细亚生产方法讨论会。在讨论会的记录中——亚细亚的生产方法论——我们可以看见各种不同流派的见解。

1. 确认亚细亚的生产方法为东方社会之一种独特的社会形态。

2. 确认亚细亚的生产方法为人类社会发展过程中之前阶级社会的一般形态。

3. 根本否认亚细亚的生产方法的存在性。

4. 确认亚细亚的生产方法为人类社会发展过程中之一个独特阶段,即相当于希腊罗马奴隶制之与世界其他古代国家奴隶制的阶段。

关于第一种见解,完全是普列哈诺夫的地理史观之发展,普列哈诺夫的见解有其一部分的正确性,这是不可抹杀的。他说在氏族社会解体以后,可以发生亚细亚的、古代的两种不同的社会形态,这是错误的,但他以之作为氏族社会内部诸生产力发展到最后不得不解体之结果而出现,这一点是正确的。

普列哈诺夫最大的错误,是没有指明亚细亚的生产方法和古代的生产方法这两者之质的一致,而作为在本质上对立的两种社会形态去说明,这显然是陷于历史的多元论。

其次,他以为在氏族社会以后,历史之所以分裂为两个形态而发展,完全由于地理条件之影响,他企图以地理史观说明东方与西欧的历史发展法则之不同。自然谁也不应该忽略地理条件所给予世界史各部分之各异的特殊性，但谁也不应该把那构成这种特殊性的地理条件夸大作为历史发展之最根本的东西去把握；而只应该从那构成历史运动之最根本的生产方法、进而阶级关系的矛盾的基础上去把握，地理等条件只能作为其从属。普列哈诺夫的这种说法，过于注意生产力之物质的技术的方面，而忽略生产力的性质之社会方面，即生产力自身之辩证法的发展方面，尤其忽略了生产力与生产关系之对立与统一的辩证法的发展方面。换言之，尤其没有辩证地把握一般性与特殊性之关联。因而，我们这一位天才的马克思主义者，便轻轻地把古代"东方的"社会之史的发展，与世界史之一般发展法则对立起来，而作出"像中国或古代埃及的经济发展的逻辑，绝不能走到古代的生产方法之出现"的地理史观结论。

这种错误的见解，后来便作成了马札亚尔"水的理论"的根源，把中国氏族社会以后的全部历史划入亚细亚的范围。经过李季等刻板式地承袭起来，而把中国的古代史上镶嵌一个亚细亚的生产方法的阶段。

关于第二种见解，则恰恰与第一种见解相反。他们否认亚细亚的生产方法，把东方社会之一切特殊性完全否认，这一理论的主张者最初是杜布罗夫斯基，后来在苏联为哥德斯所支持，并作了一度发展；在日本为早川二郎、秋泽修二、伊豆公夫、羽仁五郎所支持。在一九三一年二月列宁格勒的亚细亚的生产方法讨论会上，哥德斯从各方面批判普列哈诺夫以及马札亚尔的见解的错误；但是我以为哥德斯的见解有一部分是正确的，也有一部分是错误的。他一面从生产方法以及阶级关系去说明历史发展之一般性，另一面把东方史作为世界史之一环去研究，这是正确的。但因而肯定亚细亚生产方法在人类社会的具体历史过程中并没有具备其独特的特征，这是完全忽视了东方社会在历史的一般过程中具有不少的特殊性，而以一个机械的公式去套在"东方的"历史上，结果把方法论与具体的历史内容对立起来，这是错误的。同时，他说亚细亚的生产方法是马克思因为当时对东方史料不能有今日这样充分留下来的一个空白，也是错误的。因为马克思对"亚细亚的生产方法"这一名词，不仅在《政治经济学批判》"序言"中以肯定的言语说过，而且在《资本论》上也说过，足证他是有其实际的内容的。同时，恩格斯和列宁也常常提到过。此外哥德斯只是否认亚细亚生产方法之存在，只是指明了相续于氏族社会的应该是一个阶级社会，但没有指明是奴隶制抑或封建制的社会，这也是一个很大的缺憾。

关于第三种见解，即莫哈路斯基等人确认亚细亚的生产方法为人类发展过程中之前阶级社会一个独特的阶段。这种见解，完全是拘泥于马克思《政治经济学批判》"序言"中关于史的发展阶段的一段文字。他们以为马克思既依次顺列而又说明是相续的诸阶段，便好像亚细亚的生产方法是直接相续于氏族社会的一个古典的生产方法。因而我们图式主义的历史家,只要谈到人类社会之史的发展,便不管真实的历史怎样,把这一段话当做公式给它套上。这种见解的错误,完全由于拘泥马列两氏的片段文句,忘记了史的唯物论之整个的理论,拒绝了具体的历史事实,把历史发展的法则与历史自身对立起来,不从具体的历史事实去阐明历史发展的法则,结果不但丧失了历史的具体性,而且对马克思的学说也是一种任意的修正。其实马克思读了莫尔根的《古代社会》之后,他已经放弃了对于亚细亚的和古代的生产方法之相续的见解。而且马克思在另外的地方,也曾经这样说过:"在古代亚细亚的、古代希腊罗马的生产方法里面,生产转化为商品,只演着一个从属的角色。"[1]在这里马克思分明把亚细亚的与古代希腊罗马的并列,而证明它们是同一历史阶段、又各自有其特殊性的两种生产方法,同

---

[1]《资本论》卷一,《论商品及货币》。

样列宁也曾经指明奴隶所有者社会是阶级的最初大分裂，因而在奴隶社会之前再没有一个先行于它的亚细亚的生产方法，是很明显的。

然而这种理论，到日本，便为森谷克己、伊藤藏木、佐野利一等所支持。到中国，则郭沫若便把它嵌进中国的历史中，他说："这儿所谓亚细亚的，是指古代的原始共产社会，古典的，是指希腊罗马的奴隶制度。"[1]因而谓"这样的进化阶段，在中国的历史上也很正确地存在着，大抵在西周以前，就是所谓亚细亚的原始共产社会，西周是与希腊罗马的奴隶制时代相当……"有人因此误会郭沫若对于社会形势发展史没有弄清楚，其实是由于他太拘泥于公式，而忽略了东方历史是世界史之一环。

最后说到柯瓦列夫等关于亚细亚的生产方法的见解。柯氏承认亚细亚的生产方法是人类历史发展过程中之一个独特阶段，即相当于希腊罗马奴隶制

---

[1] 郭沫若：《中国古代社会研究》第一六七页。

社会时代之"东方的"奴隶制的一变种,这种理论,可以说是亚细亚的生产方法问题之一个正确的结论。他一方面从历史发展之一般性中抽出其"东方"社会的特殊性,又从"东方"社会之特殊性中把握其与世界史发展的一般法则之关联。打破图式主义者的咬文嚼字,打破地理唯物论者的二元论,打破经院主义者抽象的玄想。这一理论,雷哈德在其所著《前资本主义社会经济史论》(一九三五年出版)一书中,更构成有体系的说明。不过,柯瓦列夫还缺乏具体的说明,雷哈德在其对中国史的分析上,把西周当做奴隶社会去说明,即希腊罗马而外之奴隶制去说明,这大概是被郭沫若的见解所影响。

这一见解,在日本高端夫的《古代东洋社会》论述日本和古代中国的殷代,得到了有力的实证。在中国,吕振羽在其《殷周时代的中国社会》一书中,也给予充分的说明。他指出所谓亚细亚的特征之一的农村共同体,被人误解为氏族公社或误解为封建庄园的错误,并说明这种农村共同体,实际上就是亚细亚的一种必然的独特的形态。

因此，我们可以肯定，所谓亚细亚的生产方法，绝不是一种属于古代"东方的"法则、一种特殊历史，也不是一种先于古代的一种社会构成，或氏族社会与奴隶社会的一种过渡形态，更不是可以武断地说它没有独特性地存在于人类历史发展的过程中，它确实是人类历史发展中的一种附有独特形式的奴隶制的社会构成，它不仅存在于古代中国和埃及，也同时存在于俄国，存在于日本、印度、中央业细业，它是古代希腊罗马而外的一种普遍存在的奴隶制的变种。从这一结论上，我们便可以把历史发展从许多曲解中回复到其自身之发展的法则。

（二） 奴隶所有者社会问题

关于奴隶所有者社会，列宁在其论国家的演讲中已经作了正确的阐明，在最近柯瓦列夫在其《古代社会论》论奴隶所有者构成之若干问题中，又已经更明白地说明了。随着亚细亚的生产方法问题之解决，这一问题也就解决了。但一直到现在，有些所谓历史家依旧从其不必要的成见上而下着如次的疑问：

1. 奴隶社会是否是历史发展中之一独特的社会构成，抑或只是存在于阶级社会中各阶段之一种副次的东西。

2. 奴隶所有者社会，是否除希腊罗马而外是整个世界史上一般存在着的，抑或只是希腊罗马所特有的一种历史形态。

关于第一点，我们认为任何社会的产生都是生产力发展到某一定的阶段之必然的结果，生产力是决定史的发展之必然性和继起性的，是最基础的东西。奴隶社会也不能例外于这一历史的原理。

马克思在《哲学之贫困》中很明显地说："奴隶制和其他一切制度一样，只是一种经济范畴。"他又在同书中说："因为奴隶制是一种经济范畴，所以常常存在于各国民的制度中……"因而，我们可以看出马克思所谓奴隶制，不是当做散在的或偶然的形态看的东西，也不是当做先阶级社会或阶级社会各阶段中之副次的东西看的，而是当做历史上某一特定阶段之独特的经济范畴，当做一种普遍的必然的一般社会体制看的东西。

恩格斯也说："奴隶制是古代社会特有的最初榨取形态。继之而起的，有中世纪的农奴制、近代的工资劳动制，这是文明三大时代之主要三大隶属形态。"[1]列宁更明白地指出："奴隶制是人类社会之第一次阶级大分裂。"

因此，我们知道奴隶制是阶级压迫之一般的支配形态，是一个最重要的古典的经济范畴，即仅仅后于氏族共产社会的一个经济范畴，是人类历史连续发展中必要的一环。恩格斯说："没有奴隶便没有希腊罗马的国家以及艺术科学，也就没有罗马帝国。没有希腊罗马帝国的基础，便不会有现代欧洲的文明。"马克思也说："没有奴隶制，便没有近代

---

[1] 恩格斯：《家族私有财产及国家之起源》第二一四页。

工业……"[1]这些言语是如何肯定奴隶制是历史发展中之一个独特的阶段。

然而还有许多所谓历史家，如日本的历史家森谷克己的《中国古代社会论》、苏联马札亚尔的《中国农村经济研究》，都一致否认奴隶制的一般存在性。同时肯定奴隶制之普遍存在性的，在苏联有柯瓦列夫、雷哈德等，在日本有相川春喜、平野义太郎等，在中国有郭沫若、吕振羽。但郭沫若把奴隶社会当做是相续于亚细亚的生产方法的，而不当做是从氏族社会发展出来的，这是一个绝大的错误。其次，他没有指明东方的奴隶制与希腊罗马的奴隶制的不同的地方，而极力牵强附会，企图把中国的奴隶制说得像希腊罗马的奴隶制一样，这又是忽略了东方社会的特殊性，因而在其《中国古代社会研究》中，没有指明中国奴隶制之"家内奴隶制"的特征，这也是一个很大的错误。吕振羽对于这一问

---

[1] 马克思：《哲学之贫困》第一〇六页。

题的研究，比郭沫若很显然地是前进了一步。他把亚细亚和奴隶社会联系的研究，即把亚细亚的当做是东方的奴隶制之一种特殊形态去说明。自然吕振羽对于这一问题也还留下来许多缺点。但他的缺点，与何干之所云与郭沫若所留下来的不一样，在于"把东西奴隶社会看做毫无差别的一个东西"，也不是把"亚细亚生产方法消解在封建制之中"，而是他在史料上过于侧重地下出土的实物，没有把这些历史的遗存溶解于从民俗学、人类学以及一切比较可靠的历史传说中去。而且何干之所谓"东西奴隶社会"一语，我以为还有点语病，正确地说应该是"希腊罗马的奴隶制"与"希腊罗马以外的奴隶制"，因为所谓奴隶制的特殊变种，不仅是指"东方的"奴隶制，而是指希腊罗马而外的一切地方的奴隶制，这是应该指明的。自然对于这一问题，在方法论上加以有力地说明的是柯瓦列夫，然而在具体的东方历史上加以有力地证实的，郭沫若、吕振羽都有着相当的贡献。

其次，关于奴隶所有者社会，有人否认其一般存在性，而认为只是古代希腊罗马之一种特殊的社会形态，这种见解，很显然是受着普列哈诺夫的地理史观的影响，是历史的多元论在作祟。

因为在氏族社会发展的内在合法则性只能有一个前途，两个或两个以上的可能的前途是没有的，同一性质的生产方法之转化的前途，绝不能在西欧形成一种社会，在"东方"又形成一种社会，而这两种社会，又是相并的、不同质的。不错，地理条件对于史的发展可以发生着部分的影响作用，给以多少的特殊色彩，但对于史的发展之一般合法则性是不能改变的。关于这一问题，已经由柯瓦列夫很正确地解答了。就是说奴隶制绝不是限于某一地域的一种制度，而是有其存在之普遍性的，不过，在希腊罗马的奴隶制是有其特殊性，而东方的奴隶制也是具有其特殊性，即后者的基础是在家内的——家内奴隶制，前者是在家内生产与市场生产之间形成其作用，但无论如何同是构成这一历史阶段中之生产基础，同是阶级压迫的具体的支配形态。恩格斯说："像东方那样的奴隶制是不同的问题，换言之，在这里，这种奴隶制不是直接当做家族成员，而是间接当做家族成员构成其生产基础。"所以只要在本质上是构成那一社会的生产基础，便同样是奴隶制，至于在形式上如何参加生产过程是没有关系的。

因而奴隶制是整个人类史的共同过程，即拿日耳曼民族来说，恩格斯认为"他们（德意志人）还未达到发展的奴隶制、古代的奴隶制、东方的奴隶制及'发达的奴隶制'"。恩格斯把奴隶制发展划分为未发达的与发达的，但并不以德意志人的奴隶制尚未发达到东方奴隶制的阶段而遂否认其一般的存在性，我们又怎样可以说"东方的"奴隶制不是奴隶制呢？我们充其量也只能说是尚未发达到希腊罗马奴隶制的阶段的奴隶制。

在《资本论》第三卷中我们又看见这样的说明，即："作为敛财手段之所有形态中的奴隶制经济，不是家长式的，而是后来希腊罗马式的。"同书中又说："古代世界商业的作用和商业资本的发展常归结为奴隶经济。依其出发点之如何，其归结把以直接生产生活资料为目的的家长制的奴隶制，转变为以生产剩余价值为目的的奴隶制度。"所以"东方的"家内奴隶制度比之"希腊罗马的"奴隶制不过是尚未发达的形态而已，但我们不能因为它发达程度较低，便否认其在本质上是奴隶制。

总之，奴隶制在其自身之发展上，可以表现为各种不同程度的形态，从最原始的到最发展的：如作为过渡形态的家长制的、家内的、古代希腊罗马的以及其他形式的。它能在各社会中和那在量的方面占支配地位的农业共同体的秩序并存，然而"构成"之基本的"质"并不因此改变。氏族共同体的关系，在奴隶制生产方法出现的基础上，必然地会转化为奴隶制内部的农村共同体。纵然在事实上，在奴隶制时代，农村共同体并不是发展得有同样阶级程度的形态；事实上，有些还保持其浓厚的氏族性,但这是历史发展之不均等性,我们却只要看谁是支配的东西才是正确的。

"古代的东方,它是奴隶制的特殊变种,即灌溉国中奴隶所有者构成的具体形态,中世纪的东方,它是同一国家中封建主义的变种。"这是柯瓦列夫奴隶所有者构成的结论。在这结论中,他指明东方奴隶制是奴隶制的特殊变种,这是正确的,但他认为是灌溉国中所独有的形态,这又有些不自觉地陷入普列哈诺夫的泥沼,因为实际上,除希腊罗马的奴隶制以外,一切国家和民族的奴隶制都是变种,不管是灌溉国或非灌溉国,如在巴比仑、在亚述,奴隶制已发展到支配程度;在埃及、在中国,共同体的关系已具备其阶级的支配的内容。至于这种具有阶级内容的农村共同体,在形式上很类似农奴制的庄园形态,因而有人如日本之羽仁五郎、伊豆公夫等便以为是农奴制和奴隶制的混合制,有人如王礼锡、胡秋原等便以为是氏族制过渡到封建主义,这种见解,完全是由于忽视了古代"东方"历史生活的倾向而专做形式主义的勾当。他们根本没有认识氏族共同体、农村共同体和庄园制之相异的内容。

此外陶希圣等把奴隶制放在封建制之后,因而在中国历史上,把西汉划入奴隶制这种历史的倒装,尤其证明其对于社会发展历史之常识的缺乏。自然除陶希圣以外,对于奴隶制在历史上之镶嵌,还有各种不同的办法,这留在以后详加批判。

总之,随着亚细亚生产方法问题之解决,也解决了奴隶所有者社会问题,诚如列宁所云:"无例外的,一切国家几千年间全人类社会的发展,把这种发展的一般法则性、规律性及继续性,给我们以如次的指示:即最初是无阶级社会——贵族不存在的原始家长制社会;其次是以奴隶制为基础的社会,奴隶所有者的社会,现在整个文明的欧罗巴,都曾经经过这种制度——奴隶制,在一千年前,完全占着支配地位。世界其余部分之大多数民族,也都经过了这种制度的。在未发展的诸民族中,奴隶制的痕迹至今还残存着。在这种形态之后,历史上出现了其他的形态,即农奴制。"

(三) 所谓"商业资本主义社会"

商业资本之不能代表历史上一独特的阶段,这差不多略具社会史常识的人们都应该知道的。这就是因为历史上划时代的准则,是作为生产力和生产关系之矛盾斗争的统一及其分裂的生产方法,而不是附属于生产方法之上任何次要的东西。

很明显地,奴隶社会、封建社会以及资本主义社会之所以能成为历史发展中之一个独特的阶段,都各有作为其基础的生产方法,否则他们也就不能成其为一独特的历史阶段。

商业资本的本质的构成,只是货币和两极的商品,即 W——G——W,它并不能代表一种独特的生产方法。它的作用,只担负商品的交换关系,它存在的条件,只要有货币与商品流通所必须的条件的存在。所以我们可以说,只要具备这一交换的条件,无论在历史发展中之前史的任何阶段——奴隶制、封建制以及资本主义制的生产基础上，商业资本可以存在，而且也都是存在的。因此所谓商业资本，不过是"社会的物质的相关联之诸要素的分离和对立之一般形态"。所谓一般形态，当然不是某一历史时代的特殊形态，而是历史发展中任何时代所共同具有的一种附属的因素——货币与商品的一种交换关系，这种关系差不多贯通于人类历史的全过程中——除开货币还没出现的时代。它本身并不是一种生产方法，而只是购买与出卖的分离关系，作用于各种生产方法。

固然，我们也不应该漠视，而且应该重视商业资本对旧生产方法所起之分解作用，比如它"到处使生产向交换价值方面发展，使生产的范围扩大，使生产的种类加多，使生产普遍化，并且使货币成为世界货币。但无论如何，它对于旧的生产方法所加的解体的程度，是要依据于旧的生产方法的坚实及其内部的构造如何为转移，这就是说不是以商业资本的作用为转移，而是以作为其所依附的生产方法自身的性质如何为转移。反之,如果从其自身说来,尚不足以为一种生产方法过渡到另一种生产方法的媒介与说明"。[1]易言之,它能使旧的生产方法解体,但它并不能独自创造一种超越的新的生产方法。

但是波格达诺夫却把商业资本当做历史发展中之一个独特的阶段,因而否认其是存在于历史发展中之各个阶段的一种附属的因素,这显然是把交换关系对生产方法之适应性忽视了,而且反过来把交换关系当做是社会的构成的基础。他过于重视了商业资本对生产方法之分解作用,而忘记了生产方法对商业资本之限制性。因而他以为商业资本在其分解封建的生产方法以后,曾经在历史上取得一个支配的时代。这时代就是波格达诺夫所谓"历史上大发现大革新的时代"。他并且具体地指出这个时代,他说:"从历史上说,商业资本主义时代,在西南

---

[1]《资本论》日译本卷三,第二八六页。

欧罗巴约起于十三世纪,在西北欧罗巴约起于十四世纪。"[1]

把波格达诺夫这种独创的经济理论首先应用于历史科学的领域内的,是苏联有名的历史家波克罗夫斯基,他在其所著《俄罗斯史略》及《历史学与阶级斗争》的名著中,把商业资本当做是俄罗斯历史的中心,商业资本造成了俄罗斯的贵族经济、农奴制,建立了俄罗斯帝国,以致使他的著述中掺杂着波格达诺夫的俗见。

这种理论,在中国的抄袭者便是"专攻历史"的陶希圣,他在其所著《中国社会之史的分析》一书中(二五八页),具体地举出陶朱公、巴寡妇清、乌氏倮这些商人的存在,证明战国时中国已有"商业资本主义"之存在。在同书中第七页又说:"由此可见商业的发生……是封建制度崩坏后的现象。"由此可见陶希圣的封建社会是不许商业资本存在

----

[1] 波格达诺夫:《经济科学大纲》第二〇〇页。

的，只要一有商业资本，封建社会便要让位于"商业资本主义社会"了。所以他肯定中国历史自秦汉至清为"商业资本主义社会"。

然而这样的历史，只是波格达诺夫主义者师徒们幻想的历史，在具体的历史事实中，实在无法让出一个时代，让它们嵌进这一商业资本主义社会的阶段。

实际上所谓商业资本，只是生产方法之一种从属，它只能作用于既存的生产方法的基础上，自身绝不能为独立之发展，更不能创立一个独立的生产方法，因而也不能形成历史发展中之一个独特的阶段。它不仅可以存在于封建社会之内，而且也可以存在于从古代一直到资本主义社会各个历史发展阶段之内，它可以在各个历史发展阶段中起着各种各样的正反作用，但主要的，它的作用如何，还是要依于各种被分解的生产方法自身的内部的结构之坚实如何而决定。

总之，商业资本主义论的支持者，他们无非

要提早消灭历史中的封建社会，并且要以自然的分解去消灭它。这样，在历史上便没有地主与农奴的对立，因而也不需要反封建的斗争，这样，我们的"商业资本主义论者"便可以以士大夫的身份隐藏在"无阶级的社会"之中，去发挥其历史学之政治的阴谋。

三　历史的"否定""否定之否定"的辩证的发展

以上三个问题解答以后，历史发展的一般合法则性便自然地明白了，从而证明了马克思所指明的这一见解是十分正确的。

只要我们的历史家不在马列文献上去咬文嚼字，甚至割裂、歪曲马列的整个历史的唯物论，放弃学究主义、公式主义，不用幻想去代替事实，不用公式去镶嵌历史，而能正确地依据历史的原理和具体的历史事实去研究历史，则对于交互错综的世界史的构成及其一贯之发展法则自然会明白的。

我们知道，史的唯物论并不是凭空幻想出来的教条，而是从具体的历史事实中抽象出来的结论。当新的事实发现，我们必须要在不背叛它的原则的条件下加以补充，而使其理论随着事实之发展而发展，不要使理论停留在事实的后面，跟不上事实的发展。比如说由于莫尔根发现了氏族社会，我们就再不应把亚细亚的与古代的两种生产方法当做是相续的两个社会形态。又比如由于世界史之现实的发展，资本主义已经进到了帝国主义的阶段，列宁的《帝国主义论》便不能不继着《资本论》来分析这一新的历史时代。现在一些后进的帝国主义又一跃而走上法西斯侵略主义的时代，所以史大林便不能不继续列宁对世界的分析而给予当前正在突变中之世界史以一新的估定。如果专门详征博引马恩列的文句，甚至为了适合于自己的偏见而割裂或曲解其文句，这虽然在他的言语之下，还是对史的唯物论之背叛。至于把具体的历史事实去迁就其抽象的公式或把抽象的公式当做具体的历史,这不仅是机械论者的勾当,而且是玄学论者的继承。

此外,有许多人往往以外表的形式,如政治形式、地理条件、技术组织、法律原理,甚至意识形态去作为史的发展阶段的标志,而不从那作为社会基础的经济构成及阶级关系上去划分历史的阶段,这尤其是根本的错误。自然,我们并不是不承认这些上层建筑等对历史发展所引起的反作用,但它们只是次要的,如果把次要的外在的东西当做历史发展之最根底的内在的主要的东西看,那对历史发展的合法则性便必然要陷于无法说明的困境。

我们知道"经济上各时代之划分,不在于生产什么,而在于怎样生产,用何种劳动工具生产"。这就是说对历史阶段的划分,应以作为生产力与生产关系之辩证的统一的"生产方法"为准则,而不应以这种生产方法所派生出来的东西为准则。因为社会经济的结构便是生产关系的总和。只要经济基础一有变动,一切由它派生出来的现象也就随着变动了。关于这一点，马克思在其《政治经济学批判》"序言"中曾经给予历史发展的法则，即由较低社会经济形态进到较高社会经济形态的这种历史的飞跃性——革命——以透彻的说明。它不是否认政治、法律以至观念形态在历史上所起的作用，而只是肯定在究极上，必然是生产与生产间的矛盾促成了历史的发展。因此，所谓历史发展的法则，就是生产力发展的法则，就是生产力在其不断提高的过程中与其生产关系所发生的矛盾的统一及其分裂的发展法则。

一切的文化民族，在其历史的初端都经过氏族社会的阶段，这自从莫尔根从北美印第安人的现存的社会的经济结构中发现以后，接着恩格斯又在其《家族私有财产及国家之起源》中给予更有力之补充，现在差不多为一般人所公认了。而且事实上，在古代的日本、中国、俄罗斯都找出了这一历史的遗迹。例如在中国，吕振羽的《史前期中国社会研究》便是企图打破中国史是从殷代开幕的谬见，并且指明在殷代以前的中国史还有一个很长的时期——原始共产制度时期。以大化为日本史开始的谬见，自佐野利一的《物观日本史》的出世后，大家今日也公认在大化以前的日本还有一个很长的氏族制度时代。同样，俄罗斯的历史，并不始自卡札尔族入侵的时候，也不是始自基辅时代，在此时代以前也还有一个长的时期，这在波克罗夫斯基的《俄罗斯社会史》中说得很明白。

关于奴隶所有者社会之普遍存在性，这也为一切进步民族的历史事实证实了。不仅在希腊罗马，而且是在希腊罗马以外的一切民族所共同经过了的一个历史阶段。这在日本大化时代、在中国的殷商时代、在俄罗斯的基辅时代，都正是这一阶段的历史时代。此外在地中海沿岸、在中央亚细亚、在印度、在埃及，不管它们的地理条件如何，不管它们的发展形态如何，总是经过了这一历史阶段。所谓"亚细亚的生产方法"只不过是希腊罗马而外的奴隶制的一个变种，因而有些人以"亚细亚的生产方法"来取消历史上的奴隶社会这一阶段也就成为不可能。此外有些人以为日耳曼民族历史由氏族制直接跃入封建社会，便以为它空白了奴隶制，便以为奴隶制不是历史上必要的一环，但在具体的历史事实上，日耳曼民族并不是空白历史上的这一环，而是通过希腊罗马的历史补充了这一历史阶段的内容。因而有些人以为由氏族社会可以直接发展为封建社会，这一种见解尤其是证明其对于史的发展形势之毫无知识，因为封建制就恰恰是要从奴隶制度的废墟上才能建立起来。

封建制在世界史之一般的存在也是很明显的事实。虽然在西欧与在"东方"所表现的形态多少有些不同，但这绝不是本质上的差异，而是形式上或发展的程度上的不同。这在中国从西周起一直到鸦片战争为止，都是属于这一时代；在俄罗斯，从莫斯科维朝代起到亚历山大二世，也都是属于这一时代。此外在印度以及其他一切民族，它们历史上都存在过地主对农奴的剥削关系，不管这种剥削关系是贵族对农奴，还是地主对农民，只要它在本质上是土地所有者对直接耕种的农民执行"超经济的强制性"的剥削,这便是封建的剥削,因而也就是封建制度的存在。有些人一直到现在还从专制政治、灌溉制度这一些政治形态,技术问题去否定中国曾经有封建制之存在,或在以交换关系——商业资本——之存在,而认为封建制度破灭了,这些人无非企图历史地去否定中国有阶级剥削关系之存在,因而否定中国没有反封建的必要,从而否定中国革命反封建的历史任务。至于封建制度在中国史上之安插问题,更有许多不同的意见。吕振羽说是从西周起的,郭沫若又说西周是奴隶社会。此外李季说自周至周末为封建期,以后便划入前资本主义时代;陶希圣则以为周代为封建期,在封建期后又还有一个奴隶制(西汉),同时他又把战国以后的中国史划入"商业资本主义社会"。像这些划阶段的见解,虽然各有其说法,但我以为把中国从西周到鸦片战争划入封建社会是正确的。

近代的资本主义社会,这是人类前史的终结。

其具有一般的存在性是不成问题的。不过随着资本主义之不平衡的发展，很多国家或民族便在少数资本主义的隶属与统治之下，变为殖民地或半殖民地，因而不能独立自由地完成其自身的历史的发展。比如中国和印度在预备由封建主义转入资本主义的历史行程中，便被迫转入半殖民地或殖民地的历史命运。又比如阿比西尼亚还在奴隶制的历史阶段中，便在意大利的暴力之下转入殖民地的过程。又比如北美印第安人，还在氏族制的阶段便被白人剿杀其历史发展的自由性。所以有些人如李季、严灵峰、任曙等，把鸦片战争以后的中国史划入资本主义时代而忽略其半殖民地与半封建性及其内在的关联。又有些人把这一段历史完全认为是封建社会，而忽略封建社会自身的没落过程及资本主义生产方法对封建经济所起的分解作用，都是一种带有政治阴谋的毒性的见解。

至于有人把帝国主义当做与资本主义是一种异质的历史阶段，甚至从考茨基到托洛茨基这一流派,还在帝国主义时代之后加上一个"超帝国主义时代",以企图延展资本主义的历史,这十足是对史的唯物论之反叛。我们知道,帝国主义在本质上就是发展到最后阶段的资本主义,即资本主义发展到这一时代,它已经没有可以发展的余地而必然要没落了。实际上,它就是资本主义的继续,它并没有创造一种别的生产方法,它只是强化了资本主义生产方法上的一切矛盾的因素。虽然在政治上表现为法西斯侵略主义,但这就恰恰证实了资本主义的历史支配已经不能用和平的政策维持,而必须以暴力来苟延残喘了。

苏联的出现,而且渐渐地长成、壮大起来,这就充分地证明社会主义之历史的胜利,证明了一切民族和国家都有从帝国主义压迫之下走入社会主义的历史的可能性与必然性。现在,从许多方面都可以看出这一历史的倾向和征候。比如在资本主义慢性的无止境的经济恐慌的袭击之下,全世界,无论哪个国家,勤劳大众都陷于极端的贫困、饥饿与死亡的威胁之下，因而引起了各资本主义国家内阶级斗争之激化，同时在先进资本主义各国和后起资本主义各国间，由于不均衡的发展，一方面要求维持现状，一方面要求市场再分割，又引起了他们彼此间的矛盾之加深，因而后起的帝国主义便以法西斯侵略主义的形式而出现。法西斯侵略者，为了解脱其自身的危机而疯狂地发动侵略战，这又引起了侵略主义国家与被压迫国家民族间的矛盾之锐化。同时由于苏联的存在，及其成了世界和平支柱的事实下，又引起法西斯侵略主义与社会主义间之尖锐冲突。其次，在侵略的第一面，又表现为全世界勤劳大众之反侵略运动的国际化，从而西班牙的反德意法西斯，阿比西尼亚反意大利法西斯与中国的反日本法西斯侵略主义的战争，便都有其复杂的国际性的内容。资本帝国主义是建基于对国内无产阶级与殖民地奴隶的榨取之上，这种基础早已全面动摇，加上法西斯侵略主义扩大推行，便更把其整个世界推入人类前史崩溃之途，现在已表现为政治的总危机。至于反革命的"托派"为了实践其法西斯强盗的走狗工作，企图去否定苏联社会主义存在的可能性，因而说社会主义在某一国家中没有单独胜利的可能，并且引用恩格斯在一八四七年所说的这样一句话："这种革命，能不能发生在某一国家里面呢？"他自己又回答："不能够。"[1]作为证明。他们忘记了恩格斯说这句话的时代是资本主义还在向上的时代，他们忘记了他们自己的时代，是资本主义已在帝国主义内部而又分裂出法西斯主义的时代。同时他们不知道："经济和政治发展的不平衡性是资本主义的绝对法则，这个法则，使社会主义首先在若干的或者甚至一个资本主义国家中有胜利的可能。"[2]同时他们又不知道："在帝国主义时代，发展的不平衡法则，乃表示一国对别国的突变式的发展，一国被别国从世界市场中迅速地排挤出去，也

---

[1]《马恩全集》卷五，第四七六页。
[2]《列宁全集》卷十八，第二七九页。

是表示已经分割了的世界用军事和战祸的方法定期地举行再分割。帝国主义阵营的纠纷，一天天加深而尖锐化，世界资本主义阵线，一天天削弱，因此某些国家普罗列塔利亚有突破这种阵线的可能。"

反革命的托洛茨基派纵然想借用考茨基的成语卑俗地去美化资本主义，以效忠于他们的主子——国际法西斯，然而列宁却在千变万化的历史环境下，给予这个问题以天才的解答，他不但在理论上光辉地应用了马克思主义的方法论，而且在实际上、在革命的行动上充分地证实了他这一解答的正确性。

现阶段的世界史，充分地说明了"在世界帝国主义经济这个统一的整体的整个体系中，已经有革命的客观条件存在。而且，如果，或者更确切些说，因为整个体系已经成熟到革命程度"。换言之，世界史已经发展到了一个突变的时代——劳动者阶级的革命，殖民地奴隶的起义，法西斯侵略的进行，和另一方面反侵略的和平要求，在这个时代都一齐爆发出来了。这是一个战争和革命的时代，也是一个争取永久和平与反对侵略的时代，是世界总危机的时候，某些国家被压迫的阶级，或某些被压迫的民族，得以切断其中最弱的一环，而且使一国内社会主义胜利或民族解放斗争胜利，有其可能性的现实性，不过只有在依据于各个国家和民族之广大的人民斗争，才能保证这种胜利的可能性的实现。

这样看来，人类社会的历史不论其地理条件如何、技术如何，以及一切特殊的关系如何，在本质上是有其发展之一般法则的。虽然各个民族在其历史发展中也有其特殊的法则，但这只是多少改变其形式，对于本质上是没有改变的可能的。我们知道，一切文化民族都经过无阶级的氏族社会，同时又由此而转入阶级社会——即古代的、封建的及近代布尔乔亚的社会……但是历史的倾向又显示了一切文化的民族在将来都要转变为无阶级的社会主义社会。阶级社会是对历史的第一个否定，因为它否定了无阶级社会；然而社会主义的社会又要否定阶级社会，这便是历史之否定之否定。但是这种作为否定之否定的社会主义，并不是原始的氏族社会之复归，而是更高级的无阶级共有的社会经济形态之建立。

叁 历史的关联性

一 怎样理解历史的关联性

关于历史的关联性问题,即历史之时间上的相续性、空间上的联系性以及客观条件与主观创造之不可分裂性的问题,一个正确的史的唯物论者,是时时刻刻在把握这一历史的原理,以从事于人类历史之活生生的全面的究明。

这种作为历史发展之辩证的法则的个别与全体的统一的历史关联性,自然为过去的那些观念论机械论的历史家所不能理解,然而不幸一直到现在,仍然被我们所谓唯物历史家所疏忽,至少没有充分地应用,这在历史科学的研究上,不仅是一个普通的疏忽,而是方法论上的一个严重错误。因此,我感觉这个问题,仍然有提到历史哲学的课程中加以说明和批判的必要。

为了说明和批判的便利起见,我勉强把历史的关联性分为时间、空间以及客观条件与主观创造间的三个方面来叙述,自然这三个方面,也是密切地关联着的。在历史之纵的发展中,同时也就包含着横的发展,历史之纵的发展与横的发展之相互的统一,客观条件与主观创造之相互的作用与统一种种,构成具体历史的客观的全面。因此,无论切断历史的哪一方面的关联,对于具体的历史总是一个肢解,总是一个割裂。只有观念论者才会忽略历史的全面性,才会特别地夸张主观的创造力而无视客观存在对历史的决定作用。只有机械论者才会从片断去推论全体,才会特别地夸张客观条件而完全否认主观的创造力对历史发展的作用。科学的历史观是要把握一切方面的关联性,否认一切片断的割裂,是要从一切方面的关联性中,看出一切时代一切民族的历史之社会经济的发展以及活生生的历史上的巨大的变革。

第一,历史从其总的过程上说,在时间上不是"一瞬间的断面",而是向着一个继起发展的总的前程进行,一切依次继起的历史状态,不过是一大历史运动行程中诸历史阶段相续发展的诸过程,在其各个发展过程中存在着严密的相互依存性制约性。"一切相续的时代存在着其先行时代所获得的生产力,这种生产力对于继起的时代之新的生产力,是它的基础,创立了简单的事实——作为人类历史之相续的关联,作成人类的历史。"[1]所以马克思说:"把人类社会之发展看做一定的前进的诸阶段之交替,这种前进的诸阶段及其各个最后的形态对于自己的阶段,看做先行形态。"[2]这样,才能从历史发

---

[1]《马恩全集》卷五,第二八四至二八五页。
[2] 马克思:《政治经济学批判》第四○五页。

展的相续的行程中，把握历史上各种社会制度的发生发展和其转化的过程。否则若是截取历史上的一个阶段，把这一阶段从历史发展的总行程中孤立出来而作为一个孤立的历史形态，则这不仅是否定了历史的相续性，而且也否定了历史的运动法则。事实上，在人类历史中并不存在着这样一个孤立的阶段，历史的本身是无时无刻不在变动中、发展中，在这一瞬间到另一瞬间，它都有极微细的量的变化乃至质的变化，即所谓部分的突变，这种变化都直接与其先行阶段的诸残余的剥削和其继起阶段的萌芽的生长关联着的。所以马克思说："世界不应理解为完成了的事物之复合体，而应理解为过程中的复合体。"[1]同时，他批判旧的唯物论的第一个特殊褊狭性，就是"在它不能把这世界理解为一个过程，为一个在历史进化中的实在"。因此，要想正确地洞察生动的历史自身的合则与变则的诸关系，我们

---

[1] 恩格斯:《费尔巴哈论》第九一页。

第一就必须注意到历史发展中之各个阶段间的相互关联性。

第二，在空间上，各个民族的历史绝不是孤立地存在于世界史的全体系之外，反之，只是作为世界史构成之一部分或一环而存在着。因为每一个民族的历史，在其每一发展期间中，在其生活的接触上，它总是不断地在摄取并消化着那些围环在它周围的诸民族的文化，或是把它自己的历史的影响，投射或浸润到其他围绕在它周围或掺杂在它中间的各民族历史中去。在现实的历史中，各个民族的历史并不会有一个严格的界限。在一个长时间的历史发展中，这个民族的历史的因素，由于与其他与它有关系的各种民族的文化之渗入与混合，就会给予以种种新的成分，而赋予以各种各样的特殊色彩。每一个民族的历史发展，都不能脱离其周围各民族之相互浸润相互影响的作用，在战争中、交换中、文化的交流中、血流的混合中……随时随地都在进行着这种作用。所以当我们研究某一个民族的历史的时候，切不要把这一个民族史从世界史中孤立出来，必须把握其和整个世界史的交互作用。因为在这中间自发的与外来的互相交错，在此时是自发的，在不久以后就许掺和了外来的。同样在此时是外来的，在不久以后也许就溶化而成为自己的。因此，我们不仅要从世界史发展的一般途径中去分别考察个别民族的历史，还要从个别民族的历史发展中去考察其与其他民族相互之间的影响作用。世界史的倾向，固然由于各个别民族的历史都在一般法则下面，以其内在的矛盾诸关系作根基决定其自身的发展，但个别民族的历史中又不断地受着外来的影响，以及种族间的融合，而予以各种各样的特殊性。因此，我们以为没有一个民族的历史能够与其他民族毫无关系地存在着，保持其孤立的发展。世界是整体的，每一个民族的历史都不断要受到其他民族的历史影响，同时也影响其他民族，这样就严密地构成世界史的交互作用；因此，把握历史发展中之空间的关联性，同样是不容忽视的。

第三，历史的客观条件与人类之主观创造作用，是统一而不容分离的，这就是说特殊个人对于历史所起的作用以及其对于大众的影响。关于这一点，在过去封建时代的历史家，对于特殊个人对历史所起的作用则失于过分的夸张，他们几乎把整个人类的历史当做几个英雄的传记，相反地，在现在机械论的历史家则又绝对否认个人对于历史的影响作用，而完全把他抹杀。过于夸张个人对历史的作用固然是一个错误，全然否认领导者个人对历史的作用同样是一个错误。因为当做一个历史行动的领导者的个人，至少他在其行动上或思想上不仅仅是代表其自身，而是代表着当时社会的一个阶级的权力或意识，因而这种特殊个人的行动或思想也就是某一阶级的行动和思想，并相对地能指导其阶级的行动和思想，这种行动和思想，对于另一阶级的实际生活当然就发生支配或影响的力量。而且这不是观念的产物，而是从实际生活斗争中所产生出来的，例如说，领导者个人对历史的动向和一切创造方面领导得正确,便可以扩大历史的作用,促进历史的发展;否则,就会阻碍历史的作用与发展。同样一个反动的领袖,如果他从反动的立场上能发挥其反动的作用,也就能给予历史的发展以相对的反作用,自然,他是无权改变历史的发展方向的。在人类历史发展的全过程中,都是民族斗争或阶级斗争的发展,而这些特殊个人便是这些斗争的指导者。虽然他的一切行动,都决定于其所代表的大众的利益,但他个人之正确的领导又或多或少可以影响大众的倾向。虽然在历史发展的一定法则上,他不能本质地改变,但在某种程度上或迟或速是可以给予影响的。因此在历史的研究上,完全否认了个人对历史之主观的创造力的影响与过分夸张个人对历史的作用,是同样陷于错误的,因为主观的意识固然是决定于客观的条件;但同时,客观条件又影响主观的创造力,只有它们的互相关联,才能推动历史的发展。

列宁对于个人与历史的关系,曾经这样说:"马克思主义与一切社会主义理论不同之处,在于它能够分析客观形势和进化的客观过程中那种严正的科学态度与坚决承认革命努力、革命创造、群众的革命自动精神的意义联系起来——对于善于觅取实现与各阶级联络的个别人物、集团组织、政党的意义均予以承认。"[1]我们知道历史不是离开人类的创造作用而自然主义地发展起来的,事变之客观过程并不能排斥人类的主观活动;反之,人类的主观活动也正是客观化的结果,即所谓历史的产物。因此,对历史的唯物论的了解,与主观主义、宿命论、自然主义、历史主义对历史过程之了解是不相同的。唯物辩证法,不将社会史的原理与历史事实分开,"客观情形"与"个别人物、集团组织、政党"分开。这就是活的辩证法。"一切皮毛之学"、死板的公式,以及把历史的创造完全抛出于历史之外,都是机械论者的历史方法。

总结以上的各点,我们在这里引用马克思的一

---

[1]《列宁全集》卷十二,第三二页。

段话，他说："在一切历史的解释上，第一而且必要的，就是把这根本的事实，在其全体的意义上和其全体的范围上来观察，而加以正当地评价。"恩格斯也说："如果我们留意考察人类的历史……那我们就可以见到种种联系及交互作用无限错综复杂的图画。"所以史的唯物论的历史观，是要求对于整个世界史从其联系上、运动上、错综上、生灭过程上去理解，即从其无限的关联性上去理解，而且只有从其关联上才能理解历史之一贯的发展及其部分与全体之统一性。否则从历史的长流中截出一段，或在整个世界史中截取一部分而孤立地甚至对立地去研究，则这样的人只是企图从爪子去认识狮子，结果他所谓狮子不是活的狮子，而是他任意幻想出来的一个狮子。

二　历史发展中诸阶段的相续性

关于历史发展之各个阶段的关联性这一问题，

是一切过去的历史家从旧的唯物论者到近代的实验主义者所完全不能理解的，因为所谓历史之各个阶段的相互关联性是贯穿在历史自己运动的法则之中，在最早期的历史家，他们根本不知道历史是经常在运动的，旧的唯物论者，他们虽然认识了历史是经常在运动中，但他们所谓运动只是机械的运动，而且以为运动的方向不是一往直前的，而是反复的循环的，所以人类历史在他们看来，不过是堆了又堆的一些不连续的断片而已。

作为历史之最初出现的东西，是在原始时代的那一阶段，在文字发展的不完备的条件下，所作的一些不连续的简单的记录，大概都采取神话和歌谣的体裁去记录他们生活的片断经验。如在印度最古的历史著述便是刺马耶拿（Ramayana）、摩诃波罗陀（Mohaborata）的诗歌，在希腊便是荷马的记事诗，像这样的历史，他们既不知道追溯以往，也不知道推论未来，就是说他们完全没有意识到历史时间上的关联性，而为一种纯直观的片断摹写。

随着历史的发展，由于私有财产与国家之出现，历史学便和神学相关联，演进为叙事的简单记载。在中国便出现了甲骨文字、易卦爻以至于《尚书》《毛诗》《春秋》《国语》这一类的历史的记录；同样，在希腊并产生了柏拉图的《法律论》，柏氏的历史观念，显然已经包含着变化与发展，然而终被神的观念所摧残而夭折。

随着封建的生产力的发展，以后在西方，又出现了希罗多德（Herodotus）、坡里比亚（Polybius）、李维（Livius）、塔西陀（Tacitus）这一些历史家，他们的历史著作虽然能博引详征，但主要的缺点还是不能理解历史的关联性，而只是迷惑于一些历史上的枝节问题。

同时，在东方出现了司马迁的《史记》，接着又出现了班固的《汉书》。尤其是司马迁，虽然他还没有把握到历史的全面，尤其是历史的基础，但他已能从社会的各方面去追述历史，上自远古，下逮他自己的时代，但也由于他带有神学的色彩与主观主义，诚如他《报任安书》所云："欲以究天人之际，通古今之变，成一家之言。"所以终于只是以观念的连续，代替了具体历史事实的关联，而结局，所谓"史记"也仍是以帝王的"家谱"作为历史的主干。

以后，在封建的专制主义那一长的时期中，所有的历史都承袭着班马，尤其是班固"断代为史"的作风，以帝王世系为历史的中心，中国的廿四史完全都是如此。这样的历史，诚如梁启超云："各史既断代为书，乃发生两种困难，苟不追述前代，则源委不明，追述太多，则繁杂取厌。"何况事实上具体历史的发生发展以至转化，并不是适应着某一朝代政权的交替，而是适应着整个社会的经济基础。比如自周秦至鸦片战争这两千余年的历史，在质的方面并没有根本的转化，即仍然是封建主义的社会。朝代虽然换了几十次，然而在其所履行的阶级任务上还是没有本质的变化。可惜一直到现在，还有某些历史家依旧不从最基础的经济基础和剥削关系上去说明各个王朝的关联，而却从各个王朝之交替上去割裂整个中国封建史。因此，人们便只看见表面上朝代的交替，而看不见其本质上，即经济基础上之一贯的连续。因而要想在从古到今的这一类历史中洞察中国历史发展之一贯的行程与其具体的面目，实在是需要加以一番的整理与再编制才有可能。

　　自从布尔乔亚带着科学的武装登场以后，历史的领域也开始应用他们的科学方法来整理，形成了所谓历史学。事实上，布尔乔亚的历史家对历史学也确实尽过相对的任务。但唯其他们是从其阶级的观点出发，所以并未能完成历史的科学体系，只是把人类史分作所谓上古史、中古史及近世史去处理，然他们承认历史之时间上的连续，但有意无意地隐蔽历史之本质上的内在的关联性。这在资本主义各国中，所有的历史著述都是千篇一律地把活生生的历史武断地切断，用人为的划分代替历史自身的划分。这在他们，以为历史发展到资本主义阶段便成了永恒不变的东西了,所以"近代史"便可以一直"近"下去。

在中国历史学的领域内,一直到梁启超才意识到这一点,他说:"夫史之为状,如流水然,抽刀断之,不可得断;今之治史者,强分为古代、中世、近世,犹若不能得正当标准;而况可以一朝代之兴亡为之划分耶?"[1]因此他主张"横的方面,最注意于其背景与其交光,然后甲事实与乙事实之关系明而整个的不致变为碎件"。[2]梁启超虽然"抽刀断之,不可得断"地泥守历史的进化论,但他却看出了"断代为史"的谬误,看出了任意分割历史的不对,并且也感觉了要注意到历史的"背景"与其"交光",然仅仅这一点,在他的门徒以至胡适的实验主义者,终极还只能知其"然"而不知其"所以然"。自然,由于实验主义的限制,他也始终把历

---

[1] 梁启超:《中国历史研究法》第二六页。
[2] 同上,第五一页。

史上的诸事实，只看做是各不相关的零碎现象，如他所说的"甲事实"与"乙事实，"因而他所要求的联系，也不过是一种现象的联系，而不是历史之质的内在发展的联系，因而梁启超毕生的历史著述，也还是一些片断的材料之解释。但是，无论如何，梁启超对于实验主义的素养，较之胡适以至其门徒，都要高明得多。

胡适因为他也曾写过一部几分之一的《中国哲学史大纲》，我们也应该把他单独检讨一下。他在其未完成的大著中，虽然也说过研究历史是要"求因明变"，但在分析具体的历史事实时，他便不能实际地应用这一逻辑学的ABC，甚至还没有把梁启超的逻辑好好应用起来。同时，在另一地方——《胡适文存》中又说："历史是一点一滴地堆砌起来的"（从这里后来又发展为顾颉刚的史学论），由此证明实验主义者的历史不是活的历史、发展的历史，而是迷惑于历史现象乃至玩弄玄虚，拿这副眼镜去看历史，历史自然就成了无限现象的堆砌，至于这种"层叠堆砌"而成的历史,不管它和具体历史的本身毫不相干,那总也可以"执行欺骗于一时"。

陶希圣从其历史著作的量来说,是大有可观的,因此,我们对他也有检讨一次的必要。《中国政治思想史》是他最得意的一部代表作,在这大著"绪言"中,一则曰:"我对于中国史要分成若干期来讲述这一层,便不能够认为陈旧或可笑。"再则曰:"我们对于把历史上各制度看做它们的变化,而不以混沌的名词去笼罩一切,不加分辨这一层,也不能认为徒劳或可怪。"陶希圣主张把历史划分为若干阶段去说明其每一阶段的特质的这种坚决态度,我想是不会有人以为"可笑"或"可怪"的,不过"可笑"或"可怪"的,是他仅仅注意到各个阶段的史料的玩弄,并没有深入到最根基的方面——阶段与阶段、部分与部分间之相互关联。而且在他一再敦嘱我们注意"阶段"之后,他又实行来施用手术,把中国史划分为"神权时代"、"贵族统治时代"、"王权时代"、"民主革命时期"。陶希圣在史学中经常很喜欢玩弄"史的唯物论"的文句；但这种"阶段论"却使他现了原形，他和那些"上古史"、"中古史"、"近代史"的"阶段论"，显微镜也照不出它们之间有何歧异了。

另一方面，我首先说到郭沫若，他能够从甲骨文去研究殷代的历史，能够从周金中、《尚书》中以及《诗经》中去研究周代的历史，这在材料的分类上是费了一番苦心的，而且在中国他是首先想应用史的唯物论来处理中国史的。自然，从其著作的本身说，他的《中国古代社会研究》仍不免是偏于一些零碎材料的分类，而没有能够把各种零碎材料归纳于具体的历史发展之中，对中国古代史作出正确的结论来。

其次说到吕振羽，他对于郭沫若的这一缺点算是能够特别地用力，如他纠正了"殷代开幕"说的谬见，因而又说明了殷代史也还是从史前史相关联的发展而来的。但他在这一点上，至少也是过于着重个别阶段的特质之说明，而没有以同样的精力注意到阶段与阶段间的关联。

总而言之，关于历史发展中之各个阶段的相互依存性这一点，不但观念论者无法理解，即旧的唯物论者和其后来一切机械论者，也是不能理解的。就观念论者来说，在黑格尔的历史哲学体系中，虽然指示了人类历史是一种往前发展的过程，但他同时又妄想在人类头脑中有一个永恒不变的认识历史的理念，因而历史的发展，归结起来仍不是历史自身的发展，而是人类理念的发展，从而历史发展中之各个阶段的关联，也不是具体历史的内在关联，而是人类理念的发展之关联。这样，不但没有具体历史的关联性，而且也没有具体历史的自身了。因此现代许多资本主义的历史家，才会把苏联社会主义的存在与发展当做是一种"历史的偶然"，而不把它当做是资本主义生产力发展到最后不得不出现的一个更高阶段的"历史的必然"。同样，也才有人把劳动者革命运动与殖民地解放运动无赖地归咎于苏联的煽动,而不理解为一种世界史发展到今天的时候的一种殖民地对帝国主义间的内在的矛盾的必然,和帝国主义国内阶级矛盾的必然。此外中国的有些所谓历史家,也才会把日本帝国主义之侵略中国认为是日本军阀的好战,而不认为是日本资本帝国主义的内在性与其发展到今日之必然的结果。像这一些对于历史事变之表面的庸俗的误解,唯一的原因就是他们把各个的历史事变机械地片段地表面地观察,而不把这些各个的历史事变联系到一大历史运动的发展过程中去。只有把历史理解为一个向前发展的过程,只有把这历史向前发展的过程放在其基础的推动力——生产力之发展上,然后才能正确地理解历史的各个阶段之相互依存性与关联性。

三 历史发展之外在诸矛盾及其影响作用

关于历史之纵的方面的关联,即历史发展之空间的关联这一问题，我们已经说过，不但古代的历史家很少注意到，就是近代有些所谓唯物论的历史家，也完全没有顾到这一部分与全体之统一问题。

在黑格尔的历史哲学中，他把世界史划分为几个区域，即东方世界、希腊世界、罗马世界与基督教日耳曼世界，虽然他指出各个世界的历史并不是不相关联地孤立着，反之，而是世界精神在辩证的发展过程中借每一民族精神而显现自己。很显然地黑格尔所指的关联不是具体的历史上的关联，而是指的它们的精神的关联，并且他的目的，不是指的空间与空间的关联以及空间与时间的不可分割性，而是拿空间去分配时间，即他所指的这几个世界是代表着世界史发展之一系列的时代。东方世界是代表历史上之"迷信"与"专制主义"的时代；希腊世界是代表着历史上"美"与"自由"的创造时代；罗马世界是代表着"不自由"与"痛苦"的时代；日尔曼世界是代表着"不能再看不出一点不满意的东西"的时代。这样把各个空间的历史凑合为一个历史发展之时间上的系列，自然是对于各个空间的历史之各自的发展不理解，尤其不理解历史在其空间与空间的关联以及时间与空间的统一所发生的影响。我们知道，各个空间的历史固然可以在世界史的原理之下综合起来，但所谓世界史的原理是各个民族在同一历史发展法则之下去发展，不是各个民族担任历史发展的某一个阶段，在这一阶段以前没有历史，在这一阶段以后，他把自己的历史就遗交于别一民族。自然，像这样的历史不是具体的活的历史，而是黑格尔幻想的历史。

在中国以往的历史，一贯都是以汉族为主干，汉族以外的其他与汉族有关的诸民族历史，除非那个民族曾经"入主华夏"以外，一切都以"夷狄"二字而摒诸中国史之外。即有记载也非常简略，一直到洪钧的《元史译文证补》，才知道从蒙古种族之历史发展上去搜取材料，但对于相互影响并未予以说明。元代拉施特的《元史》，又只是编述蒙古民族之世界征服方面，而过于疏忽了蒙古民族与中国之关系。此外中国以往的历史家,如魏源、徐松等,虽然也纵谈"边徼"的形事,但他们总是把其他民族孤立起来去谈,而不把其他民族与中国的历史关联起来,进而从其关联性上去说明其相互的影响。

在近代对于历史发展之外在的关联性问题,梁启超在其《中国历史研究法》"史的意义及范围"一节中,说明研究中国史应注意的几点,其中有涉及历史之外在的关联性者甚多。如他说,我们应该"说明历史上曾活动于中国境内者几何族,我族与他族调和与冲突之迹如何,其所产生的结果如何"。"说明中国民族所产生的文化,以何为基本,其与世界他部分文化相互之影响如何"。"说明中国民族在人类全体上之位置及其特性与其将来对于人类所应负之责任"。梁启超提示的这几点,确实有其部分的正确性,可惜他只是指出了一面,即他民族对中国史的影响,而遗漏了另一面,即中国民族对他民族的影响。同时他在历史科学之实际的研究上,也并没有把他所理解的原理应用起来,因而这只是一种片面的作用，而不是交互的作用。不过，梁启超在这一点上，对于中国史学界，总算尽了一个启蒙的任务。

其他实验主义者的历史著述，不但谈不到理解中国史与世界史的关联，而且也谈不到汉族史与中国域内及其四周各民族史的关联，甚至就是整个汉族史也不能从其发展的全面上去观察，胡适的"中国哲学史"，就是在时间上截取一个片断，顾颉刚的《古史辨》，就是把整个中国史割成许多碎片。虽然胡适也曾说，中国哲学自东晋以后直到北宋很受印度哲学的影响，但可惜他并没有继续写出这一时代的中国哲学史。

中国的波格达诺夫主义者陶希圣在其《中国社会之史的分析》中，根本没有一个字谈到中国历史之外在的关联。自然，在初等逻辑学者看来，甲就是甲，乙就是乙，那完全是各自孤立的绝对的东西，所以中国史就是大汉族主义孤立发展的历史，与其他一切民族是不相干的。因此陶希圣在其大著《中国政治思想史》中,虽然有一节说到"佛教的输入及兴盛"[1],但他主要的是阐明"释迦的教义及其变化"以及其"宗派",他并不是说明其对中国文化的影响与作用。在同书的第四卷,虽然也说到"金、元的集权趋势",然而他只是截取这两个民族统治中国的一面,而并没有说明这两个民族对中国历史之一贯的关系的发展,所以也只是一种片面的叙述,因而也就无法理解金、元对中国历史发展过程中之一贯的影响。

旧的唯物论者、观念论者忽略了这一历史的原理,我们还可以原谅,是由于其自身的阶级性上所展开的思维方法所限制,但是我们初期的新兴唯物历史家,如郭沫若等也没有十分注意这一点。吕振羽在其《史前期中国社会研究》以及《殷周时代的中国社会》中,他虽然指明了这一原理,但还没有把这一原理充分地具体地应用起来,他也仅仅凭着

---

[1] 陶希圣:《中国政治思想史》卷三,第一八六页。

殷代自身的历史遗存，如甲骨文字以及殷周民族的本位历史去说明这一时代，对于与殷代同时期的许多氏族部落，如甲骨文中所发现的就有几十个，虽然他都提到，但说明太不充分，固然他曾经指明周代社会是殷周两民族的两种世界原理的合流，但他对于殷周与其他各氏族的关系并没有充分地说明。固然诚如吕振羽在《殷周时代的中国社会》中所云："史料的缺乏，最足限制我们对一个时代难于达到正确的理解。"然而吕振羽所指的"史料"很显然还是指的殷代自身的史料，他说："此等（指字片甲骨及其他出土物）出土实物已流散国外者，只好付之一叹。"吕振羽虽然也曾把殷墟出土的实物与其他地方出土的实物作比较，去相互印证，但并没有充分地指出，这些不同地域的出土古物，它们之间的相互影响、相互浸润的作用。据他说："例如就殷墟出土物说，仅言字片甲骨，据闻出土者已达十万片左右，而今日已拓印者尚不到十分之一。"然而他竟根据这极有限的材料，写成殷代的历史，既没有可能去尽量运用殷代历史本身的材料，又没有可能去发现殷代同时的其他氏族的史料，这当然是我们中国的历史家所共同遭遇的一个困难。虽然，吕振羽在方法论的应用上是很谨严的，他虽然受到材料的限制，但他还没有随便肯定他的结论是完全正确的，而且在其《史前期中国社会研究》中曾经极力想从《穆天子传》这些神话中去寻找中国与四周氏族的关系。他在《中国政治思想史》中，尤其进一步地把握了四周各民族所给予中国社会发展的影响作用，但是郭沫若则过于疏忽了这一点。总之，要写成一部完善的中国古代史，还是有待于发掘古物的范围之扩大和民俗学之广大的研究，不仅是在于收集殷周时代汉族文化遗存，而且还要收集与殷周同时代之其他东方各民族的文化遗存，并且也要配合着西欧以至南洋一带诸民族的文化遗存，把这些同时代的民族的文化遗存相互考证，看出它们相互之间的关联与影响。

此外吕振羽在其《中国政治思想史》中，虽然对于四周各民族所给予中国社会发展的影响作用都有所叙述，但他对于这一点的说明也还是十分不够。汉族的历史在其发展过程中，一贯地就与其国内各民族有着密切的关系，这些关系不但改变中国史的自身，也改变世界史，如春秋时之蛮荆、汉之匈奴、唐之突厥，皆曾给予中国史以最大影响。反之汉武帝之驱逐匈奴又给予欧洲史以极大影响，形成中国史与世界史的交流，影响到中亚及印度诸国之兴亡，开欧洲中古时代千年黑暗的局面。而吕振羽并没有具体地系统地指示。此外苗族、回族至今还是构成中国民族的一个单位，这对于目前中国民族问题是如何重要，然而吕振羽的历史中也说得十分不够的，虽然这只是就他的《中国政治思想史》而说的，我们还没有看见他的中国社会史第三、第四册。旧的历史家以汉族为唯一的人，睥睨一切其他的民族，目以夷狄而摒诸中国历史之外，固无足怪。然而近代许多史的唯物论者，或不能站在民族平等的立场上去研究历史，或者理解到这一点，而没有对这种民族观念的错误见解去作有力的批判，并进而研究那些被压迫民族的历史，考察他们过去失败的历史原因，以及怎样使他们在今后的历史发展中得到一个合理的发展，这是一个最大的缺陷。

我们知道，在实际上中国的历史——也不仅是中国的历史，并不是孤立地生长出来的，反之，而是在与其境内境外各民族的历史之相互的浸润与贯彻而成长出来的。比如与中国历史最早有关系的南方民族是苗族，这一民族，一直到现在还是构成中华民族的一个因素。在历史上，从传说时代的黄帝征蚩尤，尧舜放三苗起，以后经过楚庄王开夜郎，汉武帝通西南夷，马援诸葛亮南征，唐朝的六诏，宋朝侬智高，清代雍正乾隆间之"改土归流"，咸丰同治间之平苗讨杜文秀，以至民国二十七年湘西苗变为止，历五千年的关系。北方的民族与中国历史最有关系，而且一度在中国建立大元帝国，统治中国一百余年者为匈奴。这一民族也是从传说时代的黄帝伐獯鬻起就与中国历史发生关系，以后经过殷高宗伐鬼方，周宣王伐猃狁，尤其与春秋时代的晋、战国时代的秦赵发生无数的战争，后来经过汉武帝和帝之两次大"膺惩"，遂向西欧窜去，统治了小亚细亚和中欧罗巴的全部，激成欧洲的民族大迁徙，促成了罗马帝国的灭亡。以后唐代的突厥又向中国方面进攻，一直到元朝，他竟然取得了整个中国的统治，此后到明代朱元璋统治中国，一直到最近外蒙独立，内蒙建立行省，此次中日战争中内蒙有些王公被日寇利用叛变祖国为止，也有极悠久的历史关系。在东北方的民族为东胡，在春秋时代山戎病燕，以至五胡诸鲜卑，宋代的契丹、女真，一直到满清入关，建立大清帝国统治中国近三百年，到辛亥革命才被推翻。然而最近又被日寇利用满族名义（满汉实际已完全合流）建立所谓"满洲国"，直到现在对于中国的历史前途还发生极大的影响。在西方的民族与中国最有关系者为羌回，从成汤"羌来享"，周武王征师、羌髳以来，在晋代的五凉，宋代之西夏以至清代之平准回，民国以来历次汉回交恶，也有四千年的历史。此外朝鲜民族，自殷代起，西藏民族自唐吐蕃时起，日本民族自战国时代起，就与中国历史有关系。然而中国由来的历史，对于这些民族对中国历史之影响，中国历史对这些民族历史之影响，以及其相互间之交互作用，都没有提到，新兴的历史家虽有注意到的，但也并没有研究出一个具体的系统来。

此外，在唐代，中国与印度的关系非常密切，中国留学印度者，据梁启超的考证，有法显、玄奘、慧皎、义净等百八十人，这对于中国的文化是一个最大的转化。又唐代有阿拉伯人侨居中国所作的游记。宋代与中国南部各民族的关系至为密切，元代与欧洲的关系，明代与南洋的关系，这对于中国的历史都有极大的影响。然而中国过去的历史并未说明这种影响，甚至近代最进步的历史家，对于这一点有些也完全没有提到，有些虽然提到，也说得十分不够。这对于中国史的正确究明是一个必须指出的错误。

像这样的错误,不仅在中国的史学界,就是在世界其他各国的史学界也是如此,甚至在苏联大多数的史学家,尤其是波格罗夫斯基,都犯着这样的错误。波格罗夫斯基一直到他的晚年才提出了研究苏联各民族史的必要,然而他在研究的方法上又犯了一个错误,即是他不把各民族史与俄罗斯历史统一起来去研究,而把它们孤立起来去研究,结果,俄罗斯境内各民族的历史与俄罗斯的历史,还是各走各的道路,而不能在它的关联性上去说明其相互的影响。

对于历史的空间的关联性这一点,史大林可以说把马克思、恩格斯、列宁的理论发展了,他在其《论苏联史的几个基本原则》中,把苏联历史教科书之具有这一严重的错误提示出来,予以严厉的指摘。他说:"范拉格等没有执行计划,甚至没有理解这个计划本身究竟是应该包括什么内容。其所编《历史教本》实为俄国史,并不是苏联史——即纯粹是俄罗斯人的历史,至加入苏联的各个民族的历史并没有概括在内。乌克兰、白俄罗斯、芬兰及沿波罗的海各民族和北高加索、后高加索、中亚细亚、远东的各民族的历史事实,完全没有搜罗进去,沿窝瓦河的及北方民族——鞑靼人、巴史基尔人、莫尔达瓦人等的史的发展,也一概被删除。"

史大林以为,这样的《历史教本》至少包含以下的两个不可宽恕的错误。第一:"没有着重指出俄国沙皇政府与俄国地主布尔乔亚同流合污,狼狈为奸地进行扩边殖民强占侵略的作用。"第二:"俄国境内诸弱小民族受沙皇政府的压迫几千年,十月革命才把这些民族从民族压迫之下解放出来,苏联也就成了各民族之兄弟的联盟,和平共处的乐园,但在该教科书中,对于这些民族解放运动的条件与根源竟未提到,这样,十月革命与苏联之成立都成为不可思议了。"

因此,他在最后提出编辑苏联史的两个原则:"第一,不将大俄罗斯史与苏联境内其他民族史分开。第二,不将苏联各民族史与全欧发展史及世界史分开。"

史大林对苏联史所指出的这一错误,实际上不仅纠正了苏联史学界的错误,同时也使得世界各国的史学界有一个基本原则,去重新写定他们自己民族的历史,这对于历史科学的研究上,无疑地是一个最可宝贵的伟大的贡献。

四　客观条件与主观创造之辩证的统一

旧的唯物论者——主要的是实验主义者——的历史观,是按照个人的动机来判断历史。他们以为决定历史的是那些伟大人物个人的理想、动机或企图,他们并不再进一步去追求推动这些个人的理想动机或企图的是什么。我们以为旧的唯物论之不彻底,并不是在于承认理想动机的存在,而是在于到此为止,并没有前进一步去探讨动机的诸原因。

"在历史人物动机的背后,"恩格斯说,"自觉地或不自觉地总隐藏着一种动力,这种动力也许是历史的真正的基本动力,但究竟这种动力,其意义却不是指个人——即使是杰出的个人——的动机,而是指推动广大群众——整个民族或某民族中整个阶级——的动机。并且这里最重要的不是短时的爆炸,也不是转瞬即灭的火星,而是足以引起伟大的历史转变的持久运动。探讨那以自觉的动机方式,在群众和领袖——即所谓杰出的人物——头脑中,或明了地、或模糊地、或直接地、或间接地在思想的形式上,甚至在幻想的形式上,反映出来的原因,这就说踏上了导引我们去认识支配一般历史以及历史各个时代或各个国家的法则的唯一之路。"[1]

我在这里引用恩格斯的这一大段话,就是要说明推动历史中的力量,在表面上看起来好像是某些杰出的人物个人的动机,但是在实际上,这些所谓

---

[1] 恩格斯:《费尔巴哈论》第六八页。

历史上某些杰出人物的动机绝不是代表着他个人的意欲，而是代表着某一民族全体，或某一民族中之一个整个阶级的一致的生活要求。不管这个杰出的人物自己的意欲如何，然而只有当他这一动机是反映着大众的生活要求的时候，才是推动历史的动机。换言之，所谓个人的动机不是个人的动机，而是一个民族或一个阶级的整个的生活要求之综合，通过这一杰出人物的头脑而变为民族意识或阶级意识，然后这一杰出人物再以这种民族意识或阶级意识去领导全民族或全阶级从事于实现这一大众的要求的斗争。

任何一个历史时代，一切大的历史斗争绝不是乌合地盲动，而是社会上各阶级或某一民族有组织的行动，有一定号召的口号，而且有代表那个时代要求和广大群众的愿望的代表人物或政党，所以历史的研究不仅在能阐述具体的历史基础，具体地说明相互斗争之各阶级各民族及其意识形态，而且也要说明其斗争的组织者及领导斗争的人物，并且要坚决承认革命努力、革命创造、群众的革命自动精神在斗争中的意义。

人类是历史的创造者，但创造历史的是世世代代的大众，不是某一个时代某一个人。自然，个人是大众的一分子；反之，大众是许多个人的总体。我们固然不能像观念论者把个人从大众之中分离出来，过分地加以夸张；但同时，我们也不能像机械论者一样，把个人与大众对立，认为历史只是经济力量自然进化的结果，因而不屑于去研究创造历史的许多个人，研究他们的愿望、感觉及其思想……因此过去的史学界视帝王为天之骄子、神的代表，依其喜怒以创造历史，如胡适所云："个人唾一口痰，都可以引起几十年的战争。"把历史发展的动力完全建筑于个人的动机上，而不建筑于大众的创造上，这自然是绝大的错误。但是相反地，近代的所谓唯物的历史家，他们企图用社会的眼光来观察历史，从事于社会经济之史的发展的研究，企图推翻旧的历史学，却完全忽略了社会与其"中介人"之关联，将整体与其部分分开，完全忽视了个人在历史斗争中对大众的领导作用，这种为了抽象的理论而抹杀具体的事实，结果也是陷于同样的错误。马克思主义者从来没有否认过个人对历史所演的伟大作用。革命是历史的发动机，是胚胎于旧社会内的一种新制度的接生妇，而领导大众从事于革命斗争的这个个人，便是历史的司机者或接生妇。机械论者把历史变成了一个刻板的公式，在其对历史的飞跃的过程中，只看见死板的经济力量之自然的机械的活动，而看不出人的作用。

　　整个的中国史，从司马迁以迄于元清，可以说都是以个人为中心，直等于历代帝王的家谱，此外又益以传记年谱之类，专述个人的生活，对于这五千年来创造历史伟绩的世世代代的大众以及他们的生活的变迁，完全置之不论之列。因而我们在中国历史上，只看见秦皇汉武之雄图伟业，而看不见实现这些雄图伟业的大众。反之，在近代的历史家，则对于这两位影响世界史形势的大人物仅以封建地主的代表几个大字描写他，此外对于中国历史上几个伟大的农民革命的领袖，如刘邦、陈涉、吴广等人，以及几个伟大的民族革命的英雄，如朱元璋、洪秀全以及"义和团"的暴动，都没有把他们正确地了解出来，如他们在其争取历史胜利斗争中之领导的方式与力量，以及他们怎样唤起了广大群众斗争的热情，怎样有些会失败了，有些成功了，以及他们每次怎样或为什么出卖了群众并转而压迫群众。这些历史的经验，对于我们今日的对日抗战都是有着极大的帮助的。此外对于历史上一些反动的首领、外族的侵略者，只要他们的行动曾经给予中国历史以影响的，我们也不能仅仅如波格罗夫斯基描写俄国彼得大帝一样，斥之为暴虐、视之如毒蛇就算完事，我们也必须要仔细研究其在这一历史斗争中怎样能成为一个反动者与侵略者，他们是根据一种什么社会条件才实践其反动的历史行动。这诚如章学诚所云："一人之史，而可以与家史国史一代之史相取证。"然而我们新兴的历史家如郭沫若、吕振羽都闭口不谈个人，这至少是过于偏重了历史之经济的动因，而忽略了历史之主观创造的动因。

像以上这两种历史观念的错误，现在一样地表现在现阶段世界史发展的理论的分析上。一方面法西斯历史家忽视一切经济生活，忽视历史的发展之客观的动因，他们的历史就是神话、战争、帝王与英雄，制造拥护战争、拥护英雄的历史精神，把个人的天才代替了大众的集体的创造力，因而他们把反动的国际法西斯的一切盗匪行为都不看做是资本帝国主义经济发展到最后不得不要求殖民地的原因，反看做希特勒、莫索里尼和日本军阀的心理冲动，或天生的一些炮手。同样的理论，在中国有人以为中国此次的抗战是少数主战派的个人意识的冲动，而不是由于民族解放的这一历史要求，对于"投降主义者"的批判也只是认为由于其心理的脆弱，而忽略其最基础的阶级的要求。在另一方面，却又完全侧重于经济的客观的动因，而忽略了这些侵略主义盗匪头目及殖民地反侵略斗争中的革命领导者，在现阶段历史上所演的指导任务。

总而言之，过于着重于客观的动因或主观的动因都是错误的，历史发展是客观与主观的辩证的发展。虽然在究极上，一切主观的动因是客观事实的产物，而主观的意识又是促成至少是加速或延缓客观的历史发展之唯一的活力。历史的创造，固然是许多个人即大众的力量，然而大众之所以能够成为一种历史的动力，又是由于领导者把他导入历史各时代之各种斗争的正确途中，使他们从分散的个人进到有组织的全体发挥出伟大的力量。没有秦始皇，中国为了防御胡人也许还是会修筑万里长城；没有汉武帝，中国也许还是会北击匈奴；没有陈涉、吴广，中国当时农民也许还是会自动地起来推翻秦代的政权。但是有了这些伟大的领导人物，则对于这一些历史运动的推进更为有力。同样，没有希特勒、莫索里尼和日本军阀，德意日也还是要变成侵略主义的，但是因为有了这一些盗匪头目，对于侵略主义的扩大推行就比较来得更快，或来得更野蛮更残酷。同样,没有现在的领导人,中国也还是会抗日的,但有了一个伟大的革命领导者,中国的抗日就更为坚决,更为积极。自然,在这里又应说明白,伟大的个人并不是神,他也是历史的产儿,而且只有在他是代表群众的要求的时候,他才有力量。

因此,我们认为客观的环境固然是推动主观意识的动力,但主观的意识,又可以反作用于客观环境的动因,而且主观意识一经形成以后,它又往往跑到客观环境的前面,成为一种指导客观环境的倾向之决定作用的力量。苏联的社会主义的胜利,固然是苏联的劳动大众集体创造的成果,但也是由于列宁史大林的正确的领导方法,所谓新经济政策与计划经济政策之正确的创立。如果我们忽略这一点,我们便无法理解社会主义的胜利。因此我们可以说,在一切民族的历史过程中,推动历史发展的不只是客观的动因,而是客观的动因与主观的动因之辩证的发展。

五　从历史的关联性认识历史之全面的发展

从以上的几个方面看来，人类的历史在其发展的过程中，不但是一个截不断的连续的东西，而且也是一个分不开的关联着的整体，并且贯通这一个连续和构成这个联系的动力，也不仅是客观的动因或主观的动因，而是它们之辩证的统一。因此只有把握历史各个方面的关联性才能理解各个民族的个别历史和世界史，以及各个民族史与世界史在发展中之相互的作用与影响。一切离开这一历史原理而研究历史的人们，他们终其生只是在机械论的泥沼中翻来覆去，充其量也只能捉住一些历史的片断，不能把握历史的全面，只能把一些死的材料机械地镶嵌，绝不能从其变动中、转化中、相互影响中以及主观与客观的统一作用中，看出历史的生动性。

历史是一个截不断的长流，是一个向着无终极的前途奔流的长流，我们绝不能截取它发展中的一个阶段去推论它的全体，我们必须要从其发生发展以及转化的过程的相续性中去考察。因为也许有些因素是以前的时代遗留下来的，也许有些是新近转化的，如果专凭历史的某一个阶段绝不能了解这一阶段的历史，尤其不能理解整个的历史。在一个历史阶段中固然有一个支配的因素，但也有前期的残余和后期的萌芽。并且作为后期历史阶段的标志的支配因素，就是以前期的历史因素作为基础而转化出来的。如果忽略了各个时期之间的连续的关联，则历史上任何制度都无法说明，因而便会归结到宿命论的窠臼，一切都是神的创造，而不是人类生产力之连续的发展。即如对日本法西斯盗匪侵略中国这一问题，便有人归结到这是为了进攻苏联，而不归结到这是日本帝国主义"大陆政策"之一贯的历史的发展。其实像这样的问题，只需略略把近百年史看看就可以了解的，然而这些人们，他们却没有功夫去翻阅历史，而只是看着日本法西斯侵略中国史的这现阶段妄为议论，以致执行了我们敌人的阴谋而不自知。

同样，从各个民族的历史自身去给予这个民族的历史以正确的说明是不够的，也必须从与所与的四周的环境去说明。研究西罗马的历史自然是要研究日耳曼民族史，但甚至也要研究中国史，因为在西罗马灭亡外在的原因上，直接是由于著名的欧洲民族大迁移中日耳曼民族之南侵，但卷起欧洲民族大迁徙的是游牧中国北部的匈奴民族的西侵，而匈奴民族之西侵，是由于在其南进中遭遇了汉武帝之大膺惩与汉和帝之征伐[1]，所以间接地还是与中国历史又有其不可分的关联。此外中央亚细亚及东欧一带的民族，也同样在匈奴西侵的过程中而或被驱逐或遭灭亡，因而这些地方的民族史也与中国史有一样的关联。同样，日本法西斯盗匪之所以西侵中国，也是由于其在南进中遇着了英美的打击，所以研究日本"大陆政策"，同时又必须关联着英美资本主义在太平洋上之发

---

[1] 参看《后汉书》"和帝纪"文及"窦宪传"文。

展。自从历史走进了资本主义阶段以后，由于交通的发达，一民族对他民族的隶属，寡头财政资本的世界统治之建立，于是民族与民族间、国与国间的关系更其绵密，几乎以资本的关系把全世界所有的民族与国家构成一个整个的有机体，要想把一个民族从世界关系中分割出来，孤立出来，几乎成为不可能。比如说，阿比西尼亚与奥地利的灭亡直接影响英法在欧洲的权威，间接就影响到日本法西斯盗匪对中国之肆无忌惮的侵略；反之，日本法西斯盗匪在东方之横行，直接是给予中国以灾害，间接又策应了德意法西斯在欧洲之横行。在世界史的现阶段，要想把民族史从世界史的体系中孤立出来已经是不可能了，因而历史的空间关联性益发显示其重要。

至于个人与大众的关系，在现阶段也更表现得明显。一切的人类为了争取生存的权利，不是集中在民族的旗下，便是集中在阶级的旗下，从事于民族解放斗争或阶级解放斗争。在斗争的进行中，他们须要领导者发动并指导这种斗争，所以大众和领导者完全不可分离，他们必须保持密切的联络，共同争取历史的胜利。如果领导者离开大众，他即刻失去其领导的地位；反之，大众中的个人也应该以集体的形式——整个民族或民族中的整个阶级去服从领导者正确的指导。只有这样集体的行动与集中的领导，才能争取民族或阶级的解放，否则他就是大众之敌。在世界总危机爆发的今日，世界史已经临于突变的前夜，一切客观的条件的发展都已经存在着革命的因素，要想使这一历史变革的可能性成为现实性，主观的努力还是必要的。

最后我还要重复几句，即我并不是反对研究历史上各个阶段的特质，而是说不要因为研究个别阶段的特质而忘记了它们之间的连续。我并不是反对研究各个民族个别的历史，而是说不要因为研究个别民族的历史，而忘记了它们之间的关联以及它们与世界的关联。最后，我并不是说个人对历史有主导的作用，而只是说全靠客观条件之自然的发展是不够的；在主观上，还要加入活的人类的努力，而这种个人便是作为历史的主观动因的大众的推动者。总之，必须要依据这些历史的原理，才能对于人类历史得到全面的正确的理解。

肆　历史的实践性

一　从神学玄学到实验主义的批判

历史是人类实践活动的记述及其指导，是概括过去全人类生活斗争与其创造之实践的成果，尤其是阶级任务的实践，构成历史本身运动的动力。

历史科学最基本的任务就是从那作为人类总体的生活相续的实践活动中，亦即历史上各种对立的阶级关系之相互代起的具体的历史事实中，抽象出一个历史发展的法则，以这一法则去说明人类在其过去所经历之历史的生活实践的总体，并指明人类向前发展之历史的合法则的前程。

历史发展的法则虽然是一般化、普遍化了的抽象概念，但它却是依据于具体的活的历史事实而产生的。而且只有当着它是反映着具体的活的历史事实的时候，才能成为支配历史的法则；反之，"……这种抽象如其本身从现实的历史脱离出来，就完全没有什么价值"。这就是说，如果不把这种概念归结到人类之历史实践，便失去其对历史的正确性。

然而史的观念论者，从神学、玄学以至近代流俗的实验主义，却一贯地把概念变成抽象的定义，变成心灵的产物，用"神"、"理性"、"道德"、"暴力"这一类抽象的名词，把历史发展的法则从具体的现实的历史脱离，而且使历史的概念与现实的历史相对立。在人类历史的研究中，尽量把人类历史之阶级的实践内容隐蔽着，并把它神化为观念的范畴，因而作出"理性支配世界史"的结论，思辨地构成其观念的历史。实际上，这样的历史如果称之为历史，不如说是有闲阶级的"抒情诗"。

在欧洲中世纪一千余年的黑暗时代中，即基督教的全统治时代，整个的历史研究都被独断的教义所支配。他们以为人类的历史是神定的一种秩序，他们用宗教与信仰来迷惑人民，用天国与上帝来欺骗人民，企图蒙蔽他们去认识现实世界、现实生活、现实的物质利益。纪元前三五四年奥格斯丁这样说过："一切都来自上帝，一切形态的萌芽以及一切萌芽的形态……一切存在的形式，一切秩序，一切种类，一切有数量的、可测量的、有重量的，一切以任何类别、任何价值而存在于自然中的，都是来自上帝。"[1]这样历史上之人类的阶级实践完全用"上帝"二字抹杀殆尽了。

后来的一切观念论者都是从神学中发展起来的，他们与神学不同的，不过是把"上帝"用"理性"一类的名词代替了。

固然，"理性支配世界史"这一定言到黑格尔才确立，但在康德的实证主义中就充分地表现了这

---

[1] 奥格斯丁:《上帝之域》卷二，第十一章。

一理论，他把一切具体的现实历史都隶属于人类理性之下，把全部人类历史的发展当做是三个原则的体现，即神学、玄学与实证的原则之体现，他认为古代历史是属于神学的原则，中世纪历史是属于玄学的原则，法国革命则属于实证的原则。由一八三〇年到一八四八年是停滞的时期，其原因是由于缺乏正确的实证主义，因而使革命不能有机地完成。在康德看来，一切现实的历史，都是为了适应原理而产生出来，并且应该隶属于原理之下；反之，没有原理也就没有历史了。

史的观念论到黑格尔便集其大成。他在其有名的《历史哲学》的"绪言"中说："理性是一切现实所由之而有其存在，和有其生存于其中的实体。理性是无限的力，就是说，理性并不是仅止于理想，止于义所当为，并只存在于现实以外，或是仅只存在于少许人类头脑中的某种特殊事物那样无力的东西。理性有无限的内容，是一切的本质与真实，而理性自身就是理性依它自身的活动所创造的质素。……它是它自身的前提，它的目的就是绝对的最终目的，同样地，理性自身不仅是它的最终目的，从内部到自然的宇宙现象之行动的产生，并且也是到精神的宇宙现象，到世界历史之行动的产生。这样一个理想是真实的、永久的、绝对的有力之物，它自身启示于世界，并且除了它自身，没有别的东西启示于世界。"[1]因而在黑格尔的历史哲学中，现实不存在了，存在的只是抽象的理性，理性支配自然的及精神的宇宙现象，支配世界历史，它是独立的，先历史而存在的东西，它是真实的、永久的、绝对的有力之物。在这一基础上，于是黑格尔建立了"世界史之精神的原则"，他以为历史的个体的综合就是"世界精神"。因而他把世界史分为四个精神个体，从东方世界、希腊世界、罗马世界到日耳曼世界，这是说明世界精神从低级到高级的原理之一贯发展的行程。而且以为历史发展到日耳曼世

---

[1] 黑格尔:《历史哲学》绪言，第六页。

界就是精神的最高发展或理性的最后完成,因为"日耳曼精神恰恰符合于基督教的精神,日耳曼世界与基督教世界是合一的世界,因而也就是神与人的统一世界,在这样的世界里,再也找不出不满意的东西",历史窜进了"理性的王国",历史的发展终止了,黑格尔的辩证法不动了。

因此黑格尔所谓历史,不过是"理性的形象与行为","世界史只是一种理性的现象,即理性在其中启示自己的特殊形态之一,就是在一种特殊原素即各民族中表现自己之原始形态的复写"[1]。并由此而肯定历史是无意识地却必然地向着一个预先确立了的理性的目标进行,即向着绝对理性这个东西的现实进行。理性就是一个"神圣的预启",人类历史便是依照这个"神圣的预启"之昭示而向前发展。照恩格斯的说法就是:"依照从远古就存在着的人类概念的自己运动之铅版而进行的。"所以他

---

[1] 黑格尔:《历史哲学》绪言。

指明人类的历史就是原理的现实。这样，他们便作出"原理支配现实"或"法则支配历史"的推论。他们以为不是原理或法则应该与具体的历史事实相适合，而是具体的历史事实应该与原理或法则适合。不是从具体的历史自身的现实中抽象出原理或法则，而是用他们所想象出来的原理或法则虚构现实的历史。诚如马克思所云，他们以为"各原则都有其所表现的世纪，比如强权的原则属于十一世纪，个人主义的原则表现于十八世纪，所以是世纪属于原则，并非原则属于世纪，换言之，就是原则造成历史，而非历史造成原则"。

自然，黑格尔的历史哲学，不仅强调人类历史是原理的现实，即不仅认为"历史应该一般地用悟性去观察"，而且认为"应该把信仰与意欲归之于历史"[1]。同样，在中国过去的历史著述上也表现"世纪属于原则"的历史理论，由邹衍的"五德终始"

---

[1] 黑格尔:《历史哲学》绪言。

说出发，把全部中国史用阴阳五行那些东西去循环配合，指配某一个朝代是属于金德，某一些其他的朝代又属于五行中之其他一行的支配，这就是说，一切朝代的兴亡不是现实的社会经济的变革，而是这些概念的循环。

这种学说，现在还在以"新休谟主义"、"新康德主义"、"新黑格尔主义"的名字流行于英美诸资本主义国家。他们以生理史观、物理史观去研究历史，他们以为在一切社会现象中，可以看见的是影响个人的生理法则，所以研究任何社会现象，我们应由研究个人生理的法则开始。因而生理法则即人类理性的自我发展，是社会之史发展的基础，而人与人的关系、人类的社会生活倒不发生作用。他们把历史发展法则降为生物、生理或心理法则。人类理性地发展"个人心理"、"群众心理"、"民族心理"乃至自然环境对生理与心理的影响，成为他们历史研究的主题，因此他们以为历史学就是生理学或心理学。由此而建立所谓人种的、个人的、地理的乃至气候的诸特性，并从而隐蔽一般性，单从这些诸特性中去树立史的多元论的科学基础。这在法国的郎格诺瓦和塞乐坡合著的《史的原论》一书中，完全展开了这一史的心理论的理论。他们在这一书中肯定历史的发展完全不是物质基础，只不过是人们的心理作用。权力的起源与衰落也不过是习惯问题，因此人类的自由意识是创造历史的动力了。

这种观念论到中国，便以胡适的实验主义及陶希圣的历史循环论而出现。胡适很坦白承认观念创造历史，他说，历史是一个百依百顺的女孩子，任你擦脂抹粉；又说，历史好比是一百个大钱，任你如何去摆；又说，历史好比是一块大理石，任你如何去雕琢。总括地说，胡适以为历史是观念的构成，人们可以依据其各人不同的观念，为所欲为地创造其自己所愿意的历史。陶希圣一向就是假借新兴科学的名词以执行欺骗青年的政治任务，然而不知不觉有时也要现出原形，他在其大著《中国政治思想史》第四册的小序上说："……文学家下笔写历史时，也有自觉或不自觉的历史哲学在心里，倒不如社会科学家本有的原理和方法在心里，比那些口说没有成见，心却有拒人千里之外的成见的无自觉的人来得明白，去得磊落些。"这里很显然地可以看出陶希圣的大规模的历史，都是依据其"心里本有的原理和方法"写出来的。换言之，即从观念论的史学观点和其技术写出来的。陶希圣一面以社会科学家的态度讥笑他所指的"文学家"，同时，又诬蔑社会科学家的原理与方法是心里原有的，这种态度，如果说是他的"乖巧"，倒不如说是他的"磊落"。其实文学家也和社会科学家一样，不单有其文学的技术，也同样有其认识的理论体系，而且前者正是被统一于后者。

　　因此所有曾经实现或正在实现的一切历史实践，在观念论者看来，都是发生于他们本身的推论中，诚如恩格斯所云："他们所谓历史的哲学，无非是哲学的历史，他们自有的哲学历史。"在这样的历史中，自然再没有人类的实践，只有"悟性中之观念的连续"。所谓现实的历史好像是不曾有过,历史只是神奇的观念、范畴、原则、理性之连续的积累,历史科学只是系统地依照这种原则去排列存在于人类头脑中的幻想而已。由于这些幻想的系统之再建,就是人类的历史。

所有观念论者的历史,一言以蔽之,"不外是美的个性之完成和这样的艺术品之实现"。因而一切历史的实在性都被视为想象中存在的非物质的东西,而升华为纯良的道德、伟大的正义、永恒的理性以至超人的"上帝"。在人类历史上,不但没有阶级斗争,而且也没有构成阶级之主体的人类,以及这些人类之资以生存的一切物质了;存在的,只是观念论者永恒的"理性"和"神"。

二 史的唯物论者怎样认识这一问题

史的唯物论者彻底地指出作为历史出发的诸前提,不是抽象的原则或永恒不变的理性,更不是"神圣的预启"，而是现实的诸前提，这些前提包括真实的人类的存在以及他们的行为、他们生存的物质诸条件。历史不是"美的个性之姿态"的表现，而是人类实践生活之发展。一切历史的研究，必须从这些基础的实在的东西在历史发展中的变化上去加以全面的考察。

关于人类之历史实践的过程，马克思在其《政治经济学批判》"绪言"上给予了理解历史的实践性的关键，他说明了人类历史之一贯的发展，是依据于活生生的人类在其实践生活的过程中，所引起的生产力与生产关系间之不断的矛盾的统一与分裂。他所谓人类是现实的人类，是当做社会关系的总体的人类。这些现实的人类以及其行动便是史的唯物论之根本的前提。"人类为了创造历史，必须处于获得生活的状态之下，这就是一切历史之第一前提。因而作为人类之中心，便是他们之物质生活的生产，这就是人类之第一次历史行为。人类之历史的行为——物质的生活资料之生产——毕竟是历史的根本条件。"[1]

因为一切人类之第一前提是人类之诸个人的生存，所以一切历史的叙述必须从这些自然之基础及人类的实践行动，在历史进行的途程上变更这些自然基础的这种事实出发。人类之对自然的行动，即人类之历史的实践，在人类之历史的实践上自然和社会之相互的关系便辩证地统一起来，而社会之历史的发展便由之而进行。

恩格斯对于这一点，在《反杜林论》中也这样说过："唯物史观是从下面的命题出发，即生产及次于生产的交换是一切社会制度的基础，在历史上所表现的一切社会上，生产物的分配及随之而生的社会的阶级的身份之构成，是由某物如何生产及生产的东西如何交换而决定。根据这种见解看来，一切社会的变动及法制政治的改变之终极的原因，不应当在人类的头脑中，即不应当在人类洞悉于永恒

---

[1] 马克思：《德意志观念形态论》第一八页。

的真理以及正义之增进中去探求，而应当在生产方法和交换方法的变动中去探求。就是说不应当在哲学上去探求，而应当在当时的经济上去探求的。"

因此，历史上所存在过的一切社会，不管古代的、封建的以及近代资本主义的，都只能作为是人类在其实践活动中所创造的生产及交换关系之发展的结果，而不是由人类预先设定了的一种"绝对理性"之实现。

自然所谓物质的生活之生产以及其交换，就包含着生产者的劳动力以及实现劳动之必要的手段，所以说物质诸条件是构成历史上各时代的社会之最原始的基础；而阶级斗争又是历史发展之最基本的推动力。换言之，历史就是阶级斗争的实践过程。

马克思恩格斯在历史上各时代的阶级的存在及其斗争的物质条件之中，探求人类之一贯的历史实践，他们发现了人类历史除原始时代而外都是阶级斗争史，在古代有奴隶与奴隶主的斗争，在中世纪有农奴与封建领主的斗争，在近代有劳动者与资本家的斗争等主要的斗争形态，这些相续出现于历史的阶级斗争便构成人类之历史实践的全体内容。

列宁把那些以科学的定义作理论的游戏，将理论从现实中拖出来，尤其把法则转化为一个脱离了现象的事实的对立的东西，斥为烦琐哲学而加以反对。他说："我并不是说历史是由于活生生的人格者创造出来，毋宁说，我是根据现实的社会关系及其现实的发展的分析而来考究活生生的人格者的行为的产物。"[1]所以列宁在其《帝国主义论》及《俄罗斯资本主义之发展》等各种历史著作中，无不根据丰富的资料写出人类在历史中之实践的行动，写出人类在帝国主义战争中与革命中之活生生的历史实践。他剥去一切历史时代之外的假象，而从其最根本的动力即生产力发展，以及由此而引起之阶级斗争去说明。他以为在历史发展中，形式与内容，抽象与具体，理论与实践，是采取一种辩证的统一

---

[1]《列宁全集》卷二，第三七页。

的过程。

　　史大林他不仅在理论上发展了马克思、恩格斯、列宁的历史实践的学说，而且在实际上实践了这一理论。在苏联，伟大的社会主义经济建设的过程中，从作为历史转变的最根本的生产关系与阶级关系上，消灭人与人之间的对立，使人类历史得以完成其更高阶段之发展。然而达到这一历史任务的绝不是抽象的观念的体化，而正是活生生的人类在其历史发展中之坚决的斗争，在各种各样的工厂中、在集体农场中、在合作社中、在一切生产部门中之实践的行动。自然，理论的指导也是必要的，但这种理论不是幻想的，而是科学的预见，是一切社会的经济的综合之抽象。换言之，是人类历史实践之必然的倾向。因此，只有从现实中抽出来的理论才是能够实践的理论，反之，只有在正确的理论的指导之下，才能正确地履行历史的实践，理论与实践是不可分的关联着。同时，只有在人类之历史实践中才能发现正确的理论，也只有这种理论才能推进人类之历史实践,这就是史的唯物论者对历史发展之一贯的认识。

总之,史的唯物论者和史的观念论者,在这一点上恰恰相反,他并不从理想的或矫造的东西出发,更不从神定的教条或原理出发,而是从真实的活动的存在的过程出发,他们以为"原理并不是研究的出发点,而是研究的终极的结果;原理不能适应自然及人类历史,而是从自然及人类历史中作出抽象来。并不是自然与人类适应于原理,而是原理的正确性要以适应自然及历史与否为依归"[1]。这就是说意识并不能决定生活;反之,而是生活决定意识。总而言之,史的唯物论者以为人类历史发展的基础,是物质生活的生产以及这生产的诸条件——物质的生产力,而作为物质生产力之推动力的,又是人类在实践生活上的斗争。因之某一时代的社会经济的结构就形成了历史的真正的基础,而作为该时代

---

[1] 恩格斯:《反杜林论》第五七〇页。

的法律政治乃至宗教哲学以及一切观念等上层建筑，归根到底，都只能由这个基础来说明。这样，观念论就从它的最后的隐蔽所——历史科学中被驱逐出来了，人们才开始不用意识解释存在了。

三　作为历史实践前提的人类与自然

我们知道，作为历史实践的动力的是行动的人类，同时，使人类资以遂行其历史之实践的是围绕其周围的即人类生活于其中的自然世界。所以作为历史实践的基础本体的不是离开自然的人类，而是人类与自然在其发展中之统一，离开人类或离开自然，便无所谓历史；同样，分裂人类与自然的关系，人类也就无法实践其历史。因此，要说明历史的实践性，首先就必须要承认人类与自然在其发展中之辩证法的统一。

因为一切人类之第一前提是人类集团内之诸个人的生存，人类为了获得其生存的物质生活资料之一贯的斗争便形成历史。然而人类对其物质生活资料之获得，无论在哪一个历史时代，都不能离开自然界，因而自然是人类历史实践之最基础的条件，它是一切物质的生活资料之生产的现实的唯一前提，必须依据自然条件，人类的生产力才得以体现出来。所以一切历史的叙述必须首先从这些自然的基础及人类的行为在历史进行的途程上，变更这些自然基础的这种事实出发。换言之，人类对自然的行为就是人类的历史实践。只有把自然和社会之相互的关系统一起来，人类的历史实践才得以遂行，因而也才能使人类的历史继续发展，所以马克思强调自然的历史和人类的历史之不可分离性及其相互制约性。他批判了分离自然和人类，把自然和人类对立起来的普尔诺波额尔的见解。他指明了不把"历史的自然"和"自然的历史"置之眼前，而把两者当做是相互孤立的"物"这种见解之错误。恩格斯在《反杜林论》的第一篇中，也写出了他所研究的自然与历史的关系的许多结论，尤其在其所著《自然辩证法》中，更有体系地建立了自然与人类历史发展之统一性的理论。

列宁在其所著《现代理论的批判》一书中，说到观念论者拒绝去追求现象之本质的说明，而且逃避去认识那些在自然界中是真实发展的东西，这样，企图把一切历史的发展导入空虚之中。

然而观念论者，却首先把人类社会的历史从自然的历史中分离出来，而使之对立。黑格尔说："在自然创造之后，人类就出现，并且他就形成对于自然世界的对立，他是那个高举自然于第二世界的本体。我们在我们的一般意识中有两个王国，自然的王国与精神的王国。精神的王国为人类所产生的王国，我们虽然对于上帝之国造成各种各样的观念，然而它总是一个精神的王国。而这一精神的王国是实现于人类之中，放置在生存界中的。"[1]

所以照黑格尔看来："世界历史是在精神的地

---

[1] 黑格尔：《历史哲学》第三八页。

盘上进行的,世界是包含'物理的自然'与'心理的自然'于其自身……但应该把自然当做与精神有关的观念。"[1]很显然地黑格尔在这里把作为历史的基础的本体——人类与自然——分裂了,人类在他一出现以后,他就离开了他所生存于其上的物质世界,即所谓"自然王国",而腾空于所谓"精神王国",于是一个统一的世界便分裂为两个世界,虽然他们之间也有关联;但是,只是精神上的关联即想象上的关联,因而人类便超脱了他所据以生存的自然世界,"羽化"而"登仙"了,从而人类也就失去其历史实践的对象,历史也就是非实践的了。这种非历史的自然观,无可惊奇地是观念论者否定历史实践性之必然的归结。观念论者所谓历史不过是精神的发展,所谓辩证法不过是首尾倒置的精神的辩证法;反之,所谓自然不过是精神之单纯的外化,所谓人类与自然的关系不过是精神的关系。在

---

[1] 黑格尔:《历史哲学》第三七页。

人类与自然之间，再没有实际的由生活资料之生产而发生的实践上的关联了。

固然，我们不能像进化论者一样，把人类的发展和自然的发展毫无区别地视同一律；反之，我们不应否认，而且必须承认，人类与自然的历史在其发展上还表现着本质的歧异。如在自然中，相互动作的是无意识的、盲目的、纯自然的能因，而一般法则便在这种能因中劳作着。反之，在社会历史中正在行动着的，却是被赋予意识、有反省或热情而向着一定目的行动的人类。没有意识的企图，没有意欲的目的，任何人类的历史都不会发生的。

但是人类社会与自然虽有不同的特殊性，然而在人类社会中也和其余的自然界一样，可以看出与实在之必然的关联。在人类社会的历史中，和自然在其历史发展过程中同样受着一个最高的一般运动法则之支配，虽然在某些地方是不同的，但在自然之必然的一般运动法则这一点上则是相同的。

第一，因为人类的本身就是构成自然的一部分，在人类尚未人类化以前，他也是和其他自然界的动物一样无意识地生存着，在人类的这一阶段，他们虽然尚无力克服自然，但他们就已经知道利用自然，采集自然界的一切物质资以生活。自人类之发明劳动工具，扩大其对自然的支配时候始，又从而改变了人类的生理的结构，促成了人类生理上的分工，并进而获取更丰富的生活资料，从而发展了人类的头脑，人类才开始变成有意识的动物，即完成人类化这一"生理学的变革"。所以人类之所以人类化，不但不如黑格尔所云，"他就形成与自然的对立"，反之，人类的本身之出现就是人类与自然之辩证法的发展。离开自然，人类本身就无法完成其人类化的过程，因而也就不会有人类的历史。

第二，因为人类自身是构成整个自然界的一部分，所以由人与人构成的人类社会也就是自然的一部分。在人类社会发展的全行程中，从原始的氏族社会，以至古代的、封建的和近代资本主义的诸社会，都是人类为了获得其生活的资料而继续不断地提高其自身改变自然、征服自然的力量。他们创造用以克服自然的生产工具，并不断地改进这些生产工具，由于人类对于生产工具之创造与改进，又加大其改变并征服自然的程度，从工具发展的历史，我们也就可以看出人类之一贯的历史实践的行程。所以马克思说："把经济的社会机构的发展当做一个自然史的发展而把握之我的立场，比之任何人的立场，至少使各个人重视其周围的事情。各个人主观上虽然如何地超出周围的事情，但在社会的关系上都是周围的被造物。"这种历史观与史的观念论不同的地方，就是它不把自然与人类社会当做是对立的，而当做是统一的，并且进一步发现其相互的关联性。

第三，在人类历史进入阶级社会以后，人类为了获得其生活的资料，便不仅和自然斗争，而且也同时发生了人与人间的斗争——种族间的、民族间的、阶级间的斗争。这件事使得许多机械论者也追随着观念论者的神秘主义而把人类与自然分裂出来。他们不知道,一切人与人的斗争,无论是种族间的、民族间的、阶级间的斗争,虽然采取各种不同的形式,而作为其斗争的同一目的,还是人类各集团为了争取其自己集团对自然之占有,即为着对其自身的生活资料之占有。在人类征服自然之史的发展过程中,一部分人渐次拥有对自然之大部分的统治,从而也就拥有对人类的统治。他们并且占有征服自然之一切工具,使另一部分人对于从自然界去获取其生存资料成为不可能,这样才发生人与人间的斗争。所以人与人的斗争,不管它是表现在种族间、民族间、阶级间的,如古代奴隶国家间及与其种族奴隶间的斗争,中世纪封建国家间各级领主相互间及与其臣属国家的斗争,以及近代资本主义国家间及与其殖民地间,以至资本主义与社会主义间的斗争。或其国内阶级间的,如古代奴隶主与奴隶,中世纪封建领主与农奴,近代资本家与劳动者间的斗争,归根到底,都是支配者和被支配者间,一则为争取其生存,一则为树立其连人类在内的自然的支配权利的斗争。这些斗争不仅不如黑格尔所云是人类与自然的对立，而且恰恰相反是人类与自然的统一之发展。

第四，在以前，观念论者企图以自然进化的规律去否定人类历史的突变性。然而自从达尔文的物种突变论出现于生物学的领域以后，便证明了自然也不是平和地进化，而是在其发展过程中也相继地有着突变的。以后恩格斯在《自然辩证法》中，又阐明了在一切的自然物质中，都和人类社会一样，存在着内在的矛盾之统一与分裂，由这种矛盾的统一与分裂形成它自己的运动，由这种自己的运动形成其自身的发展与转化。自然，人类社会的发展不是和自然界那样的单纯，而是或多或少要被人类的意识所影响。因为由于各个人在自己的意识之下发挥其创造或反创造的作用，人类才创造其或正或反的历史。而活动于种种方面的意识，以及这些意识对自然之多种多样的作用之结果，即客观的作用，又促成了历史的突变。所以说人类社会是特殊的自然，即质的不同的特殊的自然，他不能与自然是同一的，但他却是与自然相互关联相互统一的。然而在任何历史情况之下，人类只是自然的一部分，他绝不能如黑格尔所云"高举自身于第二世界"。

总而言之，无论人类社会对于其自然界的地位如何，但从各方面看来，我们都能找着同一的种类的运动和发展，即那种从自然本身发生出来的物质间的运动和发展。因为人类社会的发展完全是自然的发展框内的一部分，人类的精神，即使在最复杂最高度的现象形态下，那被解释为自然的一部分，在一切领域内的活动都是受着自然发展的法则所支配或制约的。因此人类社会的历史和自然的历史当然不能分离，更其不是对立，而是相互的统一。假如观察社会历史的发展而忽略人类之自然的基础，则对于人类社会之历史的正确把握是不可能的。结果把自然之对人类的关系，以及人类对自然所起的作用，被摈弃于历史之外。因之，作出自然和人类历史的对立，从而把人类从自然之中孤立出来，取消人类之历史的实践,把人类送到所谓"第二世界"或"精神王国"。

四 是经济决定还是"理性"的体现?

为了隐蔽历史的现实性,观念论者首先就分裂现实历史之基以发展的,即作为历史之本体的人类与自然,并且否定他们相互的作用。其次,便把在历史中行动着的现实的人类,否认其活生生的行动,而只承认其观念,因而在观念论的历史中,不但没有人类的实践,而且也没有现实的人类,更没有作为人类之历史实践的对象的自然,有的只是一些极端抽象的观念形态。从而所谓历史运动,也就是从远古就存在着的人类的观念的自己运动。一言以蔽之,他们以为人类的意识创造现实的历史,不是历史各时代的物质基础反映出人类的意识。

他们以为人类历史的发展诸过程,如古代的、封建的及近代资本主义的,这些阶段,不是人类在历史中实践的过程，而只是预想的体现，因而历史发展之究极的原因，不应该在人类的历史实践中去追求，而应该在人类头脑中之永恒不变的观念中去追求。因此，在历史上所发现的相续出现的生产力与生产关系之辩证的发展法则，在他们看来，也不是历史自身的法则，而是一些外在的现象。

如果那些被视为不动的法则、永恒的理性、观念的范畴，是先于积极的人类或活动的人类而存在；如果这些法则、理性、观念，自古以来就潜伏于"人类之非人格的理性中"，史的观念论者就能跃过一切历史发展中所有的现实矛盾了。可惜历史的自身并不能依照他们的摆布，反而他们自身的意识还要受着历史的摆布。因为仅仅由于历史材料的缺乏，已经使得人类的知识永远成为非完全的，谁要对于这样的知识要求真正的、不变的、最后的真理之标准，那就只是证明其自身的无知以及其观念之不足。诚如恩格斯所云："如果人类历史发展的某一时机建立了最后的体系，包括着世界物理的精神的历史现象的全部的相互关系，则人类认识的领域或许就会完毕了，而且社会按照这种体系而组织起来的时候起，任何进一步的历史发展也许就会停止了。"[1] "因为这些观念、这些范畴、这些真理，也是与它们所表现的社会关系一样，不是永久的，它们也只是历史的一时的产物。"[2] 所以说，永恒的理性只能存在于我们观念论者的头脑中，在现实的历史上是绝不会存在的。"因为任何存在的基本形式是空间及时间，时间以外的存在和空间以外的时间是同样荒谬……只有各种事实所真正充实了的时间才是属于可以计算的东西。"[3] 然而观念论者抽出历史上一切人类的实践行动以及由人类实践行动所造成的成果，结果只留下一个广泛的时间，再把时间抽象化，

---

[1] 恩格斯:《反杜林论》第六一页。
[2] 马克思:《哲学之贫困》第一〇三页。
[3] 恩格斯:《反杜林论》第九二页。

结果便只留下一个永恒的理性。总而言之，史的观念论者，他们研究历史的出发点不是从历史之客观的现实上去进行，而是从主观的观念的欲求出发。

只有史的唯物论者才给予人类历史发展的真实步程以正确的究明。他要求研究历史上既存的现实，即要求研究各时代的历史而剥开它的发展的客观的法则。因此，作为他的课题的，不是在头脑中去探求历史，而是借着脑力在现存的生产的物质条件中去发现真实的历史。而且他以为对于现实之深刻的注意，是正确的历史原理之发现的前提条件。所以他反对一切依据于研究者主观的褊狭性之一般抽象的陈述，而坚决地主张探求那规定历史上各时代中诸阶级的政治立场的所在的客观材料，并且探求主观与客观的适应性。在历史发展的诸阶段上，为什么劳动者阶级是革命的，而布尔乔亚是反动的？不待说，并不是劳动者原来就有那个本性，他之所以是革命的，是客观的必然性驱使他走到斗争，不管他自己的意识如何，但他所与的客观环境总是使他革命的。因之，历史上一切的变革，绝不是人类的意欲之体现，而是当时生产力与生产关系发展到不能不破裂的必然的结果。一言以蔽之，就是那时代的经济的产物。所以某一时代的社会经济的结构就形成了那一时代的历史的真正基础，后一时代的历史则由这一时代中预备其成立的条件，而一切法律政治等上层建筑，都应由这个基础来说明。马克思说："人类创造他们的历史……但不是在由他们选择的条件之下自由意识创造历史，而是在直接为过去所给予的、所遗传的条件之下创造历史。"[1]

总之，"社会关系都是与生产力密切联系着的。人类获得新的生产力的时候，就改变他们的生产方法，而生产方法，即获得他们的生活资料的方法改变的时候，他们就改变他们所有的社会关系。

---

[1] 马克思：《路易·拿破仑的 Brumaire》第二三页。

用手推的磨子产生了封建领主的社会，用蒸汽机的磨子则产生了工业资本主义的社会。按照各人的物质生产力而建立社会关系之同样的人，即生产按照各人的社会关系之原则与范畴"[1]。由此，我们知道，生产的各形态，创造其自身之合法则的关系、政治等形态之客观世界运动的发展，都是出发于生产力发展之合法则性这个事实。因而对于历史的实践性之说明，对于生产力与生产关系之说明，是非常重要的。"历史上某种社会关系之经济方面，比较政治方面更要基本得多。"[2]所以当我们说到某一定历史阶段的时候，我们首先就必须要考察那一定历史阶段中的生产力与生产关系的状况，并且要追溯其先行时代的生产机构，以及考察这种状况之历史倾向，尤其要区别作为这一历史时代的支配生产之诸条件。

---

[1] 马克思:《哲学之贫困》第一〇三页。
[2] 恩格斯:《反杜林论》第二九三页。

五　历史的动因是人类的"意欲"吗？

观念论者既肯定历史是观念的产物，因而对于人类历史发展的动因也认为是观念的，他们不能更深入地考察在观念的背后推动观念的究极原因，不是基于人类之观念的行为，而是基于社会自体之物质诸条件。承认在历史中观念的冲动力，这是对的，但是不承认在这观念的冲动力之背后，推动这观念冲动力的究极原因——支配人类社会之历史的客观的实在的法则而考察这个法则——则是错误的。

康德乃至黑格尔，他们不是在历史的本身中追求历史的推动力，而把这种推动力从外部、从哲学的意识形态输入历史之中。例如黑格尔不从历史本身之内部的联络说明古代各国的历史，而从"美的个性"、"自由"、"痛苦"这一些外在的观念形态去说明。这种以纯粹的理性去说明历史的历史哲学，不仅是黑格尔为然，是一切观念论者达到最纯粹的思想的表现之归结。像这样的历史哲学，"不外是精神和物质，神和世界之对立的基督教的日耳曼之教义思辨的表现"。

然而我们知道，人类的意识虽然可以反作用于历史，但绝不能根本变更为历史行程内部的一般法则所支配的这个事实。因为不是人们想创造一种怎样的历史便可以实现一种怎样的历史；反之，在大多数的场合，不是许多意欲的目的之相互交错或反拨，便是这些目的的本身本来就不能实现，或者实现的手段不充分。因此，在历史中常常显现为无数个人的意欲及行动之冲突，比如说，在现实的历史中，有些人的意欲是一种保守的企图；反之，有些人的意欲则是一种前进的企图，因而人类的意欲也是相互反拨的。行动的目标虽然是预定了的，可是在实际上从行动所产生的结果是不能预料的，或者开始似乎与意欲的目的一致，而结局则与预想的目的完全不同。假如观念论者也能理解这一点，就不会在五光十色的意欲当中发出虚空的幻想。

总之，人类历史的推动力绝不是个人的意欲，而是站在这种意欲背后的作为人类生活资料之物质的生产与交换。所以史的唯物论是从以下的命题出发，即生产及次于生产的交换是一切社会制度的基础，在历史上所表现的一切阶段上，作为其变动之根本的动力的不是永恒的理性，而是生产力的发展。

史的观念论者看不见历史之最根本的推动力，而立于愿望的见地。他们以为人类历史是完全服从着自己的意识的发展法则，历史的发展就是由神学的思维，而形而上学的思维，再由形而上学的思维，移于实证的思维之发展的法则。换言之，就是由神的意欲到英雄的意欲，再由英雄的意欲到资本家的意欲之发展法则。因此，他们把人类历史完全变为非现实的东西。在他们看来，古代希腊罗马的奴隶制之产生，不是因为原始氏族社会生产力发展到尽头之必然的结果，也不是因为私有财产的发生与成长产生了阶级剥削的结果，而是因为天才的奴隶主的意欲。中世纪封建主义之代兴，也不是因为农业生产之发展与土地之占有，而是封建领主意欲着要把奴隶和自由农民转化为农奴。同样，近代资本主义之出现，也不是因为商品生产诸条件的出现以至蒸汽机之发明影响到工业之进步与商业的发展，而是几个聪明的资本家发明了从劳动者阶级身上可以剥削出剩余价值。于是历史便依于这些各种各类的人的意欲而表现为各种各样的社会形态。自然的结论，现在法西斯侵略主义之疯狂挑战，也不是因为资本主义达到它的最后阶段之必然的政治形态之表现，而是莫索里尼意欲着北非的领土和地中海的霸权，希特勒意欲着奥地利和中欧的并吞，日本法西斯盗匪意欲着中国。因而法西斯侵略主义，在观念论者历史家看来，不过是这些侵略主义盗匪头目的意欲之追求的实现而已。

我们姑且退一步承认历史是意欲的实现，但是在同一历史时代，所有的人都在意欲，一部分人的意欲之实现是以另一部分人的意欲之不实现为前提。比如奴隶主、封建领主及资本家的意欲之实现，是以奴隶、农奴及劳动者的意欲之不实现为前提，因而观念论者所谓意欲只是剥削阶级的意欲。比如莫索里尼意欲着并吞阿比西尼亚，而阿比西尼亚则意欲着不为莫索里尼所并吞。同样希特勒意欲着并吞奥地利，日本法西斯盗匪意欲着并吞中国，但奥地利意欲着不为希特勒所并吞，中国则意欲着不为日本法西斯盗匪所并吞，并意欲着自己民族的解放，这都是不能同时实现的。假使这相反的两种意欲都要同时实现，则法西斯主义的历史便不能开幕。所以观念论者的意欲不是大众的意欲，而是所谓英雄的意欲。他把英雄当做人类中的特殊变种以别于一般的大众，大众在观念论者看来，不过只是演着特殊的个人即创造者手中之黏土的角色而已。他把英雄和大众对立着，无论英雄怎样爱着大众，又无论英雄怎样地热心同情于大众之永远的痛苦及其不断的苦难，然而他仍然不能不蔑视大众。他又不能不意识着历史是以英雄的意识与行为为动力，而意识着在一方面所谓大众的就是与历史全然没有关系的人群，是要受那"伟大的"英雄的支配才有所成就的无数的要用的人群。因而观念论者所谓历史的推动力，便仅仅是各个历史时代中的伟大人物的意欲。固然我们并不否认个人对历史所引起的作用，但这种作用只能或多或少地给予影响，绝不能根本改变随着社会的经济的变革而变革的历史法则则是无可怀疑的。

六 历史哲学之反动的发展——从"道德论"到"暴力论"

在现在，当资本主义的没落期，布尔乔亚所娇养的那些史的观念论者，他们恐怖他们自身的历史噩运之来临，益发害怕真理，害怕科学，而且不能不积极地逃避真理，背叛科学，这样的倾向在历史科学上表现得更为露骨。因为历史科学比之自然科学更容易被人们的主观所歪曲。在所谓民主主义的资本主义诸国家，他们还没有走到露骨的反动的绝顶，他们还觉得要用科学伪装自己才能发挥其更大的欺骗性。所以一直到现在，他们还以生理学、物理学、心理学、力学、地理学，乃至气候环境人种等来解释历史，来迂回地消灭历史的实践性。他们虽然叫着"回到黑格尔"的口号，但在事实上他们已经把他们先辈的观念——一元论拖到更庸俗的更浅薄的观念的二元论以至多元论了。

为了要肯定资本主义社会之当然地应该永远继续下去，那些效忠于布尔乔亚的奴才不能不反对历史之"变革的理论"，不能不否定"动的历史观"，建立"不动的历史观"，不能不以"历史进化论"代替"历史突变论"，以避免历史对于自身之否定。他们把资本主义的命运比之于"能力"（Energy）的永远不变，把历史的发展比之于机械地移动，一致热烈地致力于史的唯物论之进攻。他们也知道仅仅如此还是不能隐蔽历史的前进性，为了固守着资本主义行将失去的历史阵地，聪明的观念论者即刻发觉了隐蔽历史的实践性是一个紧急的任务。于是又重新向中世纪招回了"上帝"或"绝对理性"的幽灵，并以这种幽灵把人类实现的历史引导到虚无缥缈的境界中，企图使人类迷惑于这些"虚空的幻想"、"天国的永生"，而忘记对于现实的物质生活之争取，因而借以缓和劳动阶级的革命。

为了达到这一任务，观念论者便即刻用"道德"代替"理性"的地位，创立了史的道德论。他们强调道德与正义在历史上的作用，他们以为每一个历史上的新的进步都是对神圣的东西的罪过，即对于正在死灭的，因习惯而被神圣化了的旧的状态的叛逆，即恶势力向善良的"道德"的进攻。照他们看来，则以铁链与皮鞭加于奴隶与农奴，这正是古代奴隶主与封建领主之"纯良生活"与"伟大的道德"，同时，在警察棍棒之下所执行的布尔乔亚的阶级剥削，这正是布尔乔亚之"人道主义"，这些都是值得保存的。明白些说，观念论者以为一切既存的事实都是善的；反之，一切反既存事实的行动与意识都是恶的，自然的推论，历史上各时代的革命都是这种恶的观念对善的观念的斗争，因而道德在他们眼中便变成了支配整个人类历史的永恒真理，超历史的及超民族的永恒真理。

然而这样的道德是不存在的。善恶的观念，从一个民族到另一民族，从一个世纪到另一世纪，几乎有时变为相反。道德是人们自觉或不自觉地从其自己所处的阶级地位实际的条件中，即从其所与的生产及交换关系的经济条件中所规定出来的一种意识，这意识是随着经济条件之变更而变更的，绝不是一个贯通一切历史时代的穷极不变的东西。所以我们拒绝任何欲以道德的教条作为永恒、终极，往后不变的道德律之企图；相反地，我们主张任何道德理论，直到现在，归结到底，总是当时社会经济状况的产物。因为直到现在，社会总是发展于阶级对立之中，所以道德是阶级的道德。一直到现在，我们还没有超阶级的道德，只有在不仅消灭阶级的对立，而且在实践生活中消灭一切关于阶级的回忆之社会发展阶段上，则真正人类的道德方才成为可能。因而把某一阶级的道德当做正义而予以保守，这显然是一种阶级的偏见。

　　史的观念论者不从现实的客观条件去认识道德，而从单纯的抽象去构成其所谓"道德"，再把这种"道德"当做永恒不变的正义去支配现实的历史。不是历史上各时代不同的物质条件构成不同的道德，而是先天就存在着一种超时间与空间的道德决定人类历史各阶段的诸构成，他们不但扬弃了现实的历史之质的范畴，而且也否定了现实历史的观念的全面性。由此，他们所谓历史不过是观念。而且是一部分的观念的范畴，一切历史的实践性都被视为在想象中存在的非实在的东西而解决了。所有的人类的历史实践都通过观念论者的头脑升华为纯良的道德、正义以及永恒的真理，历史再也没有什么存在的东西，只有善与恶的观念，历史上一切的斗争都是善与恶的斗争。

　　根据这种见解，因而他们又进一步肯定，只有善的才是有用的，只有有用的才能具有存在性，所以一切现存的都是善的，因而也就都是应该永远存在的。如果照这样的逻辑，那么，我们就可借用史托里亚诺夫批评波格达诺夫的一段话："妓女的魅力与男娼的魅力的存在，便应该是中世纪的客观真理。为什么呢？因为依照他的说法，在那个时代这就是'常识的'，即人类的大多数接受了的真理（即认为是有用性的）。"同样，在现在阿比西尼亚、奥地利之被并吞，"满洲国"之被制造都是存在的事实，而且对于这些侵略主义盗匪们都是有用的，因而也就应该是神圣的，不可反抗的。他们这样哲学地祝福侵略主义，无非想取得野蛮的法西斯盗匪的津贴与感谢。

其实，一切存在，只要是反历史发展的东西都是必然要归于毁灭的；只有在顺应历史发展的必然性之下存在的才有其发展前途。因为一切有用性也是被决于其所与的时间与空间的社会经济的条件，比如"罗马共和国是实在的，已消灭它的罗马帝国也是实在的，法兰西王国在一七八九年已成为非实在的了",同样大清帝国在一九一一年已变为非实在的了,俄罗斯帝国在一九一七年也成为非实在的了。这就说明了一切必然性被剥夺而成为非合理的了,以致他不能不为那个大革命所消灭了。在这里王国是非实在的,而革命是实在的了。这样,在发展过程中,从来一切实在的变成非实在的而失去了它的必然性,失去了它的有用性和合理性,也就失去了它的存在权。观念论者用道德把一切现在的制度神圣化,企图借此阻止人类对现存制度之反抗,这只是一种最幼稚的欺骗,然而也是"上帝"失去了信仰以后的唯一欺骗方法。

固然人类对现实的历史之感觉,对历史的发展确实也有其作用,如人类感觉到现存的制度在以前是合理的,是有利的,在现在已变成无意义的、痛苦的,因而主观便发生要去推翻它的意识,但这种意识正是一种现实的反映,即反映着在现在的生产方法与交换方法之中已经发生变动,适合于以前的经济制度不能与现在适合了。因为消灭这发现了的社会弊害的手段也不应从道德上发现出来，而应从现有的事实中发现出来。因为这正是那在发展中的生产力与生产关系的冲突，这冲突不是简单的像人的原始罪恶与神的正义之间的冲突那样，是一种发生于人类头脑之中的矛盾；反之，这冲突是客观地在我们的头脑之外，不管造成它的人类的本身的意识如何，希望如何，总是存在于现实的事实之中。因此，我们可以说，现存的固然它曾经是善的，但不能永远是善的；恰恰相反，而且必然要变成恶的。从而一切摧毁现存状态的行动与意识，也就不是对于道德的反叛；恰恰相反，而且正是道德的实践。

像以上所说的历史的道德论，就正反映着资本主义之和平竞争时代的这一历史背景，在这一时代，欺骗与愚弄对于劳动大众还能发生作用。随着资本主义进到帝国主义阶段而表现为法西斯侵略主义时代，什么"上帝"、"道德"、"正义"、"理性"……这一些魔术的说教都成为无用了，赤裸裸地暴露出阶级间、民族间的对立性，一部分人需要解放，另一部分人需要继续支持其对人类的压榨，尽管观念论者如何聪明，也无法隐蔽历史的实践性了。所以法西斯历史家的合唱队，他们索性现出原形，再也不谈什么道德，公开地鼓吹历史的"暴力论"了，他们的历史已经不是历史，而是法西斯主义的党纲、战术与战略了。他们肯定"暴力"是历史的唯一动因，暴力不但可以改变政治的形态，也可以改变经济的基础，因此，他们以为历史的动因应该在暴力中去寻求，不应该从推动这种暴力的经济中去寻求。希特勒说过，"强权就是正义"。日本法西斯盗匪说他们侵略中国是"宣扬王道"，换言之，他们已经用"暴力"代替"道德"了。

　　自然，在危机中的布尔乔亚，他们不能不采取一切露骨的反动手段来维持其正在崩溃中的统治。所以反映到历史科学上也是如此。他们已经毫无廉耻地倒在侵略主义盗匪的怀抱中，公然地主张暴力万能。自然，暴力论也就是道德论的转化，不过，在另一方面顺适着历史前进的"暴力"的使用，却又和法西斯的暴力有着不同性质的。在法西斯，无论道德与暴力都是"理性的化身"，所以又必然地要与基督教神学相依托，重新回到中古的神秘主义。无可争辩地，观念论无论以何种形态出现都不能与神学绝缘，所以法西斯历史家把人类历史作为英雄的历史，同时又必须把英雄神圣化。

希特勒豢养的历史家麦其列斯（George Mchlis）在其大著《历史哲学》中，即以宗教作基础而展开神学体系。他肯定历史只是宗教的伦理的与美学的诸价值，而且宗教的价值占首要。换言之，即"神圣"与"纯洁"，"神"与"人服务神"这些观念。所以历史的意义是使世界从自然的压制中解放出来，重回于上帝，而英雄便是服务于上帝，执行把历史重回于上帝的任务。在这样见解之下，英雄与上帝的事业是分不开的。所以在他们的历史中，一方面充满了战争与英雄，另一方面又充满了神话与宗教，他们企图借上帝的幽灵提高英雄的尊严，假托上帝的启示来隐蔽其侵略的兽行，用历史来创造崇拜英雄与穷兵黩武的群众热情。

由此,我们可以看出,法西斯的历史学不是记载或解释过去的事变,而是公开地造谣。他们根据其一定的政治目标,根据"国社党"的党纲与战略,根据侵略主义盗匪的需要,而极无耻地谎造历史。布尔乔亚的没落反动与无耻,在历史科学上已经走到尽头,他们回向中古的神学,回到理性,而且把理性武装起来,使之以暴力的形态出现,奠定历史以暴力论的基础。并且把他自己的民族史从世界史中孤立出来,作为世界史的创造者,把世界史隶属于其自己民族或国家的历史之下;一切其他民族之历史的发展,都要依照法西斯盗匪之暴力主义而被规定。暴力是理性在现阶段之特殊形态,"理性支配历史",在现在,已改为"暴力支配历史"了。历史的实践性没有了,除了暴力以外,世界再也没有什么了。

但是历史既不停止于封建王廷之前,它当然也不会停止于布尔乔亚的警察面前,或法西斯侵略主义的挺进队面前，它必然要排除任何暴力的阻止，向着其光明的前程行进的。资本主义既否定了封建社会，则资本主义自身也必然被另一更高的历史形态再否定的，这就是人类历史之辩证法的发展。

伍　历史的适应性

一　下层基础与上层诸建筑之辩证的统一

关于历史的适应性问题，即社会下层基础与上层诸建筑之辩证的统一问题，在历史哲学上是基本的重要问题之一。

史的观念论者，总想把社会上层建筑之意识形态升华为一种超现实的、孤立的东西，使之从历史最根本的发展过程中浮离出去，脱离社会生活的斗争，并企图由此证实意识形态的本身之独自存在性与绝对的永恒不变性，因而归结为不是现实的社会经济基础支配人类意识，反之，而是人类意识支配现实的社会经济基础。

恰恰相反，机械论者则完全否认意识形态乃至政治形态对现实的社会经济所起的反作用，以及政治形态和意识形态相互的影响作用。在历史发展的关系中排除了活生生的人类意识的创造作用，把人类历史的发展作为与人类无关的死板的社会经济之自然主义的发展，所以机械论者到这里便回复到了进化论的旧巢。

就意识形态来说，观念论者分离意识与存在的关系，并颠倒它们的作用；机械论者抹杀意识对存在的影响作用。他们的观点虽然不同，甚至相反，而其无视存在与意识的适应性这一点则是相同的。

关于历史的适应性，马克思很明白地指出来，他说："生产诸关系的总和形成社会之经济的结构，即现实的基础，在这基础上，建立着法律及政治的上层建筑，并且既定的社会意识诸形态也适应这基础。物质生活的生产方法，决定社会的政治的及精神的生活过程之一般。不是人类的意识决定他们的存在；反之，倒是人类的社会存在决定他们的意识。"[1]在这里，马克思很明白地指出，历史上各时代的社会基础是物质生活的生产方法，这种生产方法决定社会政治形态以至意识形态的一般。同时，他又指明，由于生产力之发展与生产关系发生冲突，才引起经济基础的变革，随着经济基础的变革，也就变革了各该时代的政治形态以至意识形态之一般。马克思这一段话，给予理解历史的适应性以最大的启示。

因此，我们知道，无论政治、法律、艺术以至哲学、宗教这些上层形态，都是受社会的存在所决定。换言之，任何一种意识形态——即使它发展到最高度——总是一定历史时代的一定社会经济基础上乃至上层建筑之一的政治形态上所反映出来的。马克思说："一切的宗教史，舍去了这种物质基础也就无从批判起。用分析的方法去找出神秘的

---

[1] 马克思：《政治经济学批判》序言。

宗教思想的'地上根源'，当然要比相反地从现实生活诸关系中导引出适应于此种关系的宗教形式容易得多。后一种方法是唯物论的方法，因而也就是科学的方法。"[1]马克思之所以特别指明宗教这一点，就是因为宗教比之哲学是距离现实的经济基础更高发展的一种意识形态，它和社会的经济关系的适应性更容易被人们混淆而使之暧昧，然而不管怎样混淆，这一适应性仍然是存在的。

总而言之，意识形态的发展，首先是依据历史上各时代的社会的物质基础来决定；归根到底，是由生产力和生产关系之辩证的发展来决定。社会各集团之不同的利益根源，决定社会意识形态发展的性质及其基本倾向。

正确地说来，意识形态的发展是人类各集团以集中的方式，表现着人类对客观现实认识的发展和其过程。在人类的社会实践之历史发展的过程中，

---

[1]《资本论》卷一。

逐渐提高其对于客观世界的认识，同时，意识形态也日益扩大并加深其接近真理的程度，发生新而又新的范畴与内容。随着历史上社会经济形态之不断的更替，意识形态的发展也与之适应着。这样看来，人类的意识形态乃是依据其历史行程中各个时代不同的社会条件而表现出来的。但是，如果把意识形态的发展当做是从其社会现实的根基游离着地孤立发展起来的，那便是错误的。因为在阶级社会的条件下面，后来的某些意识的东西，虽然其内容较以前的会要丰富些，但是也许又更要不正确些。历史上每一阶级的意识形态，在其革命时期的表现总是较前进较现实的。然当其成为统治阶级以后，尤其当其阶级的没落时期，其意识形态的表现便一天天成为非现实的、落后的东西。所以，跟着其阶级地位的变动就可以寻出其意识形态之发展的过程。

意识形态既是从一定的社会经济基础上反映出来的，所以也就必然随着这些基础的发展与变革而发展变革。同时，由于意识对于存在——社会经济基础——的"反作用律",不但社会经济的发展引起意识的变革;意识的本身也能给予下层基础以正或反的作用。但是机械论者以及布尔乔亚的历史家,为了要诽谤史的唯物论之全部理论,却故意歪曲马克思在《政治经济学批判》"序言"上关于史的唯物论的公式,他们无视意识形态对历史的作用,而且把这一歪曲的意见诬栽到马克思身上,把史的唯物论变成死板的经济史观。

关于机械论者歪曲史的唯物论的谬论,恩格斯在其《给约塞夫勃诺霍的信》上,曾有如次的一段申明。他说:

"依据唯物史观看来,历史上最终极的决定的契机,是现实的生活之生产及其再生产。在这以外,马克思和我都不曾主张过。如果有人歪曲这一点,而说经济的契机是唯一的决定的契机的话,那命题就会转化为无意思的抽象的悖理的空辞。经济状态虽是基础,但上层建筑的诸契机——如阶级斗争之政治的诸形态及诸结果,胜利的阶级于战后所定的宪法、法律的诸形态，更至于这些现实斗争之参与者的头脑中的反映，即政治上、法律上、哲学上之诸理论。宗教的见解及其更形发展而生的教义之诸体系等等——在历史上之诸斗争的经过中所引起的作用，在多数的场合主要地决定这些斗争的形态。唯有在这一契机的相互作用之中，才通过这些无数的偶然，而在究极上，必然是经济运动贯彻了自己。"[1]

由此，我们知道，马克思和恩格斯并没有像那些机械论者一样，否认意识形态相互作用这一契机，即其相互间的适应性这一契机，相反地，他们认为历史的发展不是唯一的经济的发展，而是经济基础与其所反映的意识形态在历史上之统一的发展。诚如恩格斯所云："政治的、法律的、文学的、艺术的与其他的发展，都是植基于经济的发展。不过它们彼此一个反映一个，并且也反映于经济的基础。"[2]

---

[1] 亚德拉斯基编：《马恩书简集》第三〇三至三〇四页。
[2] 《一八九四年的信》，登载于 *Socialistic Acdemician*。

意识形态是决定于当时社会经济生活的关系，这是一件不可争论的事。所以在某一定的社会经济的关系下，便会产生某一定的意识形态。但是，自从阶级社会出现以后，在同一社会经济关系之下，因为人类在实践生活上遭遇着不同的环境，在社会生活关系中之敌对的各种阶级，乃至同一阶级内部的各阶层，也表现为不同的甚至相反的各种意识形态。——自然，在每个阶级之内，他们是有着最高原则之统一的。"在宫殿中所想象的，与在陋巷中所想象的，当然不会一样。"这就是说，不同的生活反映出不同的意识形态。所以当我们分析某一定的历史时代的意识形态时，我们又必须注意在这同一历史时代中之不同的意识形态。意识形态的表现，不仅是历史的，而且是阶级的。

总而言之，意识形态是社会的政治经济关系的反映，它是随着社会的政治经济的发展与变革而发展变革；但同时，意识形态一经成为有系统的东西而表现出来以后，它又反过来影响社会的政治经济的发展和变革，它们与经济基础不是对立的，而是采取一种矛盾之对立与统一的内在关联的形式。

　　意识，是人类从自然及人与人间的关系之客观存在的根源上所发展起来的初步认识的表现，随着历史的发展，人类对自然及人与人间的关系之认识的程度，也日益扩大而加深，人类意识之一贯发展的历史行程，便是反映着认识过程的历史行程。由于人类的历史实践，逐渐推翻了认识各阶段上所不能解释的幻想与神秘，保存并积蓄了真正客观认识的因素，把人类的认识逐渐提高到与现实接近的阶段。

　　辩证唯物论告诉我们，认识是反映客观的现实。现实与意识的对立，是形式逻辑。形式逻辑是把形式与内容分开来考察的。康德的哲学，便是哲学史上的典型例子，他在形式与内容之间划了一条深沟，因而加深了意识与现实间的分裂。黑格尔的《逻辑科学》，虽然基于存在和思维，主体和客体的统一，但是因为根据唯心论，所以反而弄出了许多褊狭性。

马列哲学的伟大功绩，就是在于他们基于唯物论彻底而深刻地解决了这一问题。辩证法，在其考察人类意识之历史发展的过程时，同时对于主体与客体诸形态的发展过程及其联系的性质也加以研究。"要是在逻辑上来考察主体对客体的关系，那时对于客观环境下具体的主体（人类生活）的一般存在前提，也须加以注意。"[1]于是客体和主体终止其为不动的、形而上学的本质，变成历史的范畴。而且这里所谓主体，不是理解为孤立的个体之抽象本质，而是理解作历史发展的一定阶段上的社会阶级之总和。只有在生产实践扩大过程中才能使人类的意识逐渐达到真理。

"随着劳动分工，人本身也分裂为几部分，为了发展人的某一种活动，把人的其余一切体力和智力都牺牲了。"[2]智力与体力的劳动，城市与农村的

---

[1] 列宁：《哲学札记》第一九四页。
[2] 恩格斯：《反杜林论》。

分离，造成了人本身的分裂性。只有在社会主义里面，劳动的人，在新的最高基础上增加了自己的完整性，变成了积极而自觉的无阶级社会的建设者。社会发展的自发的规律之克服和阶级之消灭，在理论与实践，人与自然界之间，造成了新的关联基础，而给予宗教唯心论者的宇宙观以决定的打击。人类控制自发的自然力和社会发展的权利给了人一种可能，得以预先看见并自觉地去调节自己的生产活动之结果。这种情形愈要变成事实，则人们不仅愈要参加，而且愈要造成自己与自然界的统一，因而关于精神与物质、人与自然界、精神与肉体之间，有着某种对立之毫无意义而违反自然的观念，愈要成为不可能了。所以，在历史上一切经济的政治的斗争，都很强烈地、明显地反映为观念的斗争。最直接而明显的，便是反映在经济学说上，其次在文学上、哲学上、历史科学上，乃至自然科学上，都是追随着生活路线，追随着现实的利害关系而迸发的。就是意识形态发展到最高度的宗教，也是深刻而隐晦地反映着当时社会中正在敌对着的诸阶级的现实生活。所以在历史中，如果除去了主观的意识，则剩下来的只是一个死板的物质世界，反之，如果夸张人类的意识万能，则一切又都会变成神秘。因此，只有在把握意识与现实之辩证的适应性的认识之下，人类的历史才能得到正确的说明。

二 适应于先阶级社会的经济构成之上层建筑诸形态

当人类还没有完成其"生物学的变革过程"的时代，即人类的手与足还没有分工的时代，他们尚不能制造劳动工具，也没有发生有声的言语，他们完全与其他生物一样，不能把自身从自然界中分裂出来。在这一时代，人类对于自然，可以说还没有认识，因而也就没有意识的反映。

从人类开始知道制造劳动工具的那个时代起，他们就不仅把他们自身从一般兽类中区别出来，而且随着就把他们自身与自然界的关系缩短距离，在活动的人与活动的对象之间出现了一种中介物，促进了人类思维中主体与客体两个范畴的发生。随着人类生产活动的发展，又发展了人类思维与有声言语，这种思维和有声言语便作了生产过程中人与人间的联系手段。从这一历史时代起，人类的意识便开始发展起来，并开始渐渐作用于自然。这样看来人类的意识之发生，完全是由人类在其实践劳动的过程中、在其克服自然的活动中生长出来的。同时，由于人类意识之发展，更加深人类对自然的认识，并提高人类对自然之克服的程度，扩大人类对自然之利用的范围。所以意识与存在之相互的适应性，在人类的原始时代表现得最为明显。

到氏族制时代，由于生产工具之逐渐改进，渐次提高人类对自然克服的程度，从而又加深了人类对自然的认识。同时，由于人类对自然的认识之逐渐深入，又促进了生产工具之改进，从而又再提高人类对自然的克服程度。于是知识在人类生活的实践中，便尽了相当的指导作用。但是在这一时代，人类的劳动生产力还是非常幼稚，他们对于其周围的自然现象都只是感觉到惊奇与恐怖，一切他们不能解释与不能克服的，都以为有一种超人的力量存在于其中，因而形成了拜物的"图腾社会"，从而构成了"万物有灵"的原始概念。同时，由于在氏族社会时代，人种血缘纽带之确立，由"经验的崇拜"又开始了"祖宗崇拜"。总之在这一时代，人类的意识已经渐次由直接的感官直觉，开始运用思维去推论，由人类的生活推论到物类的生活，由活人的生活推论到死人的生活，在他们看来，世界是人类和万物平等活动的世界，同样，人类在生前所行的氏族平等生活，在死后也一样在继续着。因而无论是万物的灵魂或人类的灵魂，只有"种类"的分别，没有"等级"的分别，这一方面，反映出人类对自然的克服之无力；另一方面，又反映出人类在原始共产主义时代之无阶级的现实生活的内容与氏族社会中血缘纽带之固结。由此,我们知道,人类意识在最初都是从研究认识整个的物质世界,即人类的感官所摄取的"原形世界"开始的。意识的基本对象是自然界全体——宇宙。注意的中心则为存在原始物。他们以素朴的感觉的方式,在自然界本身中去探求一切事物和现象的物质原理,这一原理虽然由于认识力之不足而归结于"万物有灵"与"灵魂崇拜",但是这正是被人类之原始的生活方法所规定。实际上,这一时代的人类意识与其实践生活完全是合一的,因而也就绝对是唯物的。

关于从氏族社会经济基础上所反映出来的意识形态,莫尔根和恩格斯都说得很明白,在北美印第安人中,在澳洲的土人中,都还可以找出这种历史的痕迹来。意识形态之这一原始的历史阶段是存在于各民族中的,我们不能像胡适一样,用"至于'邃古'的哲学,更难凭信了"一句笼统话,把它一笔抹杀。自然也不能像陶希圣一样,把这一时代的意识形态之发生与发展,歪曲为"满足自然的感情,顺应自然的意志",因为这一时代的人类,对于"感情"和"意志"之满足的要求,还没有对于物质生活要求得迫切;恰恰相反,他们正是为了"满足物质生活的要求",才在生活的斗争中展开他们的意识。陶希圣对于这一点的错误根源,也就是一切史的观念论者所共同的。他以为原始人类"必须以劳动与自然相对立才取得他们的生活资源,所以他们相信自然的神力"[1]。他不知道,只有在劳动与自然之对立的统一的条件之下,人类才能取得他们的生活资源。陶希圣首先便把作为人类的生活实践的劳动与其实践的对象对立起来,——只看见它们的对立,看不见它们的统一——从这一基础上,分裂意识与存在的关联,因而他对于原始社会,也像原始人一样不能有所理解,只有笼统地归纳于"超自然主义"这一术语之下,偷渡这一难关。

---

[1] 陶希圣:《中国政治思想史》卷一,第二页。

三 适应于奴隶所有者社会的经济构成之上层建筑诸形态

随着氏族制度急剧地崩溃，和奴隶所有者社会之继起，即阶级社会的出现，奴隶制生产的发展引起社会经济基础的变革，这一基础的变革，随着就变革了社会的意识形态。由于生产上奴隶劳动之广泛使用，对氏族社会生产技术和对自然认识的各项实践知识都逐渐提高，如古代希腊罗马的这一时代，海外商业的发达不但扩大地理的知识，而且也促进天文、算术及其他科学的发展。在人类实践生活各方面之知识的积蓄都渐次丰富起来，在这一基础上，就决定了当时希腊人意识发展，要冲破氏族社会所能包容的限度。而且从奴隶集团之现实劳动的基础上，对客观认识产生出打破"神秘主义"的现实的唯物的意识形态。

另一方面，奴隶所有者社会是人类社会之"第一次阶级大分裂"，由于人类在实践生活上之阶级分裂，因而反映在意识上也就表现为对立的形态。如在这一时代希腊的意识形态已经构成了一个有体系的宇宙观，一方面如海拉克利特（纪元前五三五—前四七五）等他们已经看出世界过程的本质是在发生与消灭的永久变化中，这充分地反映出奴隶社会与进步的工商业分子的意识。另一方面，如毕伐戈和伊利亚学派，则更明白地反映出当时反动的土地领有者贵族以及与贵族勾结的反动的奴隶所有者集团的利益，而开始把人类意识从现实的唯物的方面转向脱离现实的方面去了。不过，在究极上，把动的世界观转到静的世界观，又是这两派所共同达到的结论，这又恰恰反映着奴隶制度时代肉体劳动与精神劳动之分裂的事实。

在波斯战争获得胜利以后的希腊（纪元前五世纪下半期），它已经成了古代世界贸易的中心，家长制的和自然经济的关系已经完全被摧毁了，随着奴隶与奴隶所有者的斗争之加强，奴隶所有者社会的矛盾也日益尖锐化了。在这种客观条件之下反映出来的人类的意识形态，便是把以前人类自然的注意转向对人类社会制度的注意，并且更鲜明地形成了唯物论与观念论的对立。如德谟克利特的哲学，他把古代希腊的唯物论作了进一步的发展，这就正因为它是反映着当时奴隶主阶级中工商业阶层的利益。反之柏拉图的哲学却反映着当时行将没落的雅典反动贵族的意识，所以他的唯物论也就浸透了宗教的意识，认为神的观念是最高幸福的观念，并且把观念分成严格的"教级制"，这种"教级制"是与柏拉图所代表的奴隶主的政治见解相适应的。

随着奴隶所有者社会的危机之进一步的发展，一部分唯物论者如伊辟鸠鲁及其信徒鲁卡列提斯，则反映出当时进步的自由民的意识，另一方面，亚里士多德及其以后散布在希腊罗马的无数学派，则已趋向于公开的神秘主义，并且把伦理与艺术的问题放在哲学的首要地位，更明显地反映着行将没落的奴隶主颓废与腐化的生活，展开了中世纪封建主义的萌芽。

奴隶所有者社会的意识形态在中国殷代也一样地表现过，不过因为历史文献的湮没不能有系统地考察出来，但是从甲骨文字中，从易卦爻中，从《尚书》的殷代记载中，以及从各种传说神话的记载中，我们都可以看出作为这一时代的生活反映之意识形态：一方面已经表现出从原始的"万物有灵"的平等观念转化为"一神崇拜"的等级观念，把"人的阶级"反映为"神的阶级"；另一方面又已经表现出把原始的灵魂之一般存在转化为只有贵族的灵魂才存在，因为奴隶在这一时代实际上就是被当做一种"物"的使役，由于他们被看成为没有"人格"，因而也就没有"鬼格"，这又恰恰反映着阶级统治之延伸，即由奴隶所有者的崇拜延伸到奴隶所有者的祖先——死的奴隶所有者——之崇拜同时，又把奴隶所有者的祖先的崇拜，结合于至尊的天帝之"一神崇拜"，即以奴隶所有者的祖先配享于天帝而构成古代阶级的宗教。

由此他们把一个世界分成两个世界，即"人类的世界"与"神的世界",——自然,神的世界便是人的世界之反映。在人的世界中的"帝"与"王",便反映为神的世界之中的"天"与"帝"。而且人的世界上的统治者的僧侣,除了负有统治人类的使命以外,还负有沟通"天人交际"的任务。他们一切的行为都是"恪遵天命","天"与"帝"不但统治神的世界,而且也支配人的世界,因而"天"与"帝"便构成阶级政治的执行工具,充任奴隶所有者贵族僧侣的阶级宗教的主神,从"万灵平等"转化到"一神至尊"了。

陶希圣不理解这一秘密,很轻松地把奴隶与奴隶所有者间的斗争就隐蔽在所谓"教权"与"王权"的术语下面。——自然,我们也不相信,陶希圣会不知道,在当时的宗教是奴隶所有者用以统治奴隶的工具,奴隶贵族与僧侣之间绝不会根本地对立;但是为了否定这一时代曾有阶级斗争之存在,所以不能不把奴隶所有者与其自己的意识形态对立起来,从而不能不说:"在商族乃是教权与王权的斗争。"

到殷代末期，随着社会生产力的发展而引起生产力与生产关系的矛盾，使奴隶社会内部的矛盾尖锐化，因而在加紧对其从属各氏族的剥削情形之下又引发了种族间的矛盾。而扬起那以周族为首的反殷族奴隶所有者统治的革命运动，《易经》的卦辞和爻辞就恰恰反映出这一变革时代之革命的意识形态。他们开始从变动的观点去认识自然现象——天地山泽水火风电，从它们之相互对立的矛盾中去认识它们的变动；同时又从变动的观点上，把社会制度归结为"否"与"泰"之对立去说明社会诸关系，这正反映出当时现实社会中阶级对立锐化的情境。然而胡适却说："至于《易经》，更不能作上古哲学史料，《易经》除去十翼，只剩得六十四卦，六十四条卦辞，三百八十四条爻辞，乃是一部卜筮之书，全无哲学史料可说。"胡适这种小心翼翼的治学态度，我们是非常钦佩，但是如果因为《易经》是"一部卜筮之书"，就认定"全无哲学史料可说"，我们倒认为这不是胡适选择哲学史料过于严格,而是胡适不懂得哲学。因为所谓哲学,不过是当时人类生活的一种反映,殷代的人类,他们还没有胡适那样"美国式的科学头脑",他们遇事要通过卜筮,这正是反映当时人类的愚昧生活。当时人类之相信卜筮,就正如几千年后的胡适不相信卜筮一样,同是生活的反映,同是人类一种意识形态的表现,也就同是哲学。胡适如果因为《易经》是"卜筮之书"而遂摒诸中国古代哲学之外,那我们就不知道胡适的"哲学"是作何解释。假若几千年后有人说"胡适的大著是一种实验主义之书,全无哲学史料可说",那不是太冤屈了他们自己的祖先吧。

不过随着周族封建国家之建立,这种动的历史观就转化为静的历史观,所谓"天地交"而泰,"阴阳交"而和,一切对立都妥协了。并且从"往来不穷谓之通"的原理上,一切又变成永恒的了。再进而把这些妥协与永恒的原理转化为形而上的观念论,如"是故形而上者谓之道,形而下者谓之器,化而裁之谓之变，推而行之谓之通，举而措诸天下之民谓之事业"。这一观念的意识形态，便作了后来周代新兴封建领主阶级的哲学——儒教——的中心思想的基础。

四　适应于封建社会的经济构成之上层建筑诸形态

关于封建主义在世界各民族历史中之一般存在性，这是无可置疑的，唯其发生有先后之别，存在有久暂之分，尤其是其发展的程度也有不同，则是事实。比如在欧洲大部分民族还停留在氏族制的时候，在中国已成立了初期的封建国家；反之，在西欧诸民族已发展到资本主义最后阶段，而中国则尚留滞在半封建半殖民地的阶段。同时西欧的封建主义发展的形态，与"东方的"封建主义发展的形态也多少有些不同；但无论如何，在本质上，即在其阶级剥削关系之构成上，则同为名义上的土地所有者对直接生产者的农奴或自由农民的剥削制度。因此，在这一经济基础上所反映出来的意识形态，在本质上也是没有什么差异的。

首先我们说到欧洲，由于日耳曼民族之南侵与希腊罗马之灭亡，在民族大迁徙的流动与战争中，同时，由于奴隶之解放，大多数从事于农业的奴隶都转化为农奴和自由农民，在奴隶社会的经济基础上建立了封建主义的国家。在封锁性与自足性的"庄园制"的农业条件之下，反而阻碍了作为文化发展的前提条件的工商业之发展；同时以反奴隶所有者的统治而带着宗教色彩之政治运动的基督教又随着奴隶制之崩溃而转化为封建领主执行阶级统治的政治工具，视一切代表进步势力意识的新兴科学与哲学为异端而阻碍其发展，因而形成了世界史上所谓欧洲中世纪千年的"黑暗时代"。

在这一长时期的欧洲完全陷于封建主义的野蛮统治之下。因此，在意识上则反映为基督教教义的独裁，哲学的任务只是用形式逻辑去证明宗教的教义，形成咬文嚼字的中世纪的烦琐哲学。封建领主的淫威反映为上帝的神圣。

一直到中世纪的末期，随着自由都市工商业的发展，在社会经济的基础上，一方面表现了自由市民的势力之抬头；另一方面则表现了封建领主的势力之陵替，于是反映于意识形态上的，便是"唯名论"与"唯实论"在哲学上的斗争。如顿斯、斯柯特奥堪及其信徒的"唯名论"，很明白地反映出个人主义在中世纪末期社会和政治生活中的增长。马克思指出"唯名论"是"唯物论的头一个表现"。此外如英国的修道士培根也是十六、十七世纪"经验论"和"唯物论"的早期前驱，但他不能粉碎烦琐哲学，摧毁基督教的思想独裁，这又反映着当时市民的势力，虽然渐次在发展，而还是很脆弱的。

在八世纪到十一世纪的阿拉伯诸国家，在经济上及文化上比之西欧都是先进的，所以反映在意识形态上也比当时的西欧诸国更为进步。如亚威森拉、亚威罗埃斯、亚威塞布隆之"自然泛神论"，尤其亚威罗埃斯之承认物质的永远存在，与否认灵魂的人格不死，使亚里士多德的学说得到进一步的发展，然而终于也由于回教正统派的歧视，牧师的反动，在回教国家衰落和瓦解的条件下，窒死了这一进步意识的成长。

到十七、十八世纪，欧洲的封建社会开始其向资本主义的转化过程，但这一历史的转化，欧洲各国所采取的形式也各有不同。比如在法国则采取工农与布尔乔亚的联盟之直接革命行动，在英国和德国则采取布尔乔亚之产业革命的形式。因为各国转化的形式不同，所以反映在意识形态上也就不同。总之十七和十八世纪，是欧洲封建社会解体和资本主义生产方法开始形成的时候，即历史上所谓"文艺复兴时代"。

在这一时代，商业、航海事业、手工业、工场生产的发展，在要求自然科学——经验知识——的发展，而各种科学内也进行着具体资料的积蓄过程。在当时，科学开始分析和解剖自然界，科学在这一方面的成就作成了十七、十八两世纪哲学的基础，就鲜明地反映出布尔乔亚的政治的积极性。

当时革命的布尔乔亚的代言人大肆抨击封建的宗教宇宙观，反对把哲学降低作为"神学的奴婢"，而走上创立新科学的道路。不过布尔乔亚哲学的成功与宗教思想的决裂，为时并不很长。其中最彻底的要算大革命前后的法国唯物论者。但是布尔乔亚革命的狭隘性——以资本主义的榨取方式来代替封建的榨取方式——规定了布尔乔亚唯物论的狭隘性，乃至以后资本主义社会发展过程——在资本主义社会里面，智力劳动与体力劳动的分裂更形加深而造成了产生唯心论的新方式的条件。

因为资本主义生产方法自从在封建制度内发展以后，他们又开辟了新的大陆，从新的实践中发现了物质界比以前所承受的更要广大。新的实践改变了旧的思维方法——中世纪烦琐哲学和宗教思想，他们宣布了扩大人类征服自然的实践力。进步的布尔乔亚都在企图打破宗教的欺骗，追求现实的利益，因而反映在意识形态上，便出现了狄卡儿的"怀疑论"、培根的"打倒偶像论"、斯宾诺莎的"洗清智力论"，他们都力谋开辟一条创造新思维方法的路径，这种方法可以保证对自然的认识和征服，这种认识和征服是为发展中的布尔乔亚所必要的。狄卡儿在其《论方法》中，以为科学的目的是发明，哲学的任务是提供一种思维方式，保证这一目的的达到。培根在其新的归纳法中指出："要是谁把智力界的界线放在古人所发现的狭隘范围内，那是很可耻的一件事，要知今日物质世界……那地球、海洋、星辰的限度，业已无限地扩大，而为人类所知道了。"斯宾诺莎指出："希望把一切科学趋向于一极端的目的，换言之，即趋向于最高人类至善的达到。"

早在十六世纪末和十七世纪初，跟着新兴布尔乔亚的抬头，因而反映在意识形态上，反封建的意识在机械论式的、形而上学式的唯物论中也日益发展和强固起来。

因为资本主义在英国发展得最早，所以反映在意识形态上，新的唯物论在英国也发展得最早。培根、霍布士等人的哲学，尤其是亚丹·斯密的"古典派"的经济学，已经充分地反映出资产阶级的意识。培根曾经猛烈地攻击那从前轻视实验研究并完全以《圣经》和亚里士多德的权威为出发点的一切烦琐哲学和科学，他以为这都是认识自然界的障碍，他宣传"经验论"，并创造了"归纳法的逻辑"作为科学研究和总括的基础。虽然他的方法只是形式逻辑的一种，但正如马克思所云："他总是近代唯物论和一般实验科学的真正鼻祖。"霍布士的唯物论，是建基于十七世纪中叶更高级的自然科学水准和更高发展的英国布尔乔亚的关系上，虽然他是形而上的，但比之培根却是更高的一个历史阶段。他是培根唯物论的系统化者，他排斥了关于"神"和"彼岸世界"的学说。但是当英国的布尔乔亚自身取得相对的胜利之后，他们开始从唯物论的立场上退缩了，像柏克里的"主观唯物论"和休谟的"不可知论"，反而成为胜利的布尔乔亚的统治工具。

法国在十七世纪，其经济发展落后于英国，所以反映在意识形态上，也表现为与相对彻底的英国唯物论不同的"理性主义"。例如狄卡儿的哲学之带着妥协性的二元论，就正表现着当时法国布尔乔亚的在其第一个发展阶段上的衰弱与不坚实，因而使得狄卡儿把旧的烦琐哲学与新的机械的自然科学调和起来，在终极上不能不承认神创造了物质。但到十八世纪，随着法国各阶级革命运动之蓬勃的发展，因而反映到意识形态上，那些渴求政权的革命的布尔乔亚，他们在反封建贵族和僧侣的热烈的斗争中，不但要求克服自然界，而且要求改变社会的组织。所以作为革命各阶段之意识形态的表现上便是对主观唯心论的猛烈批评，认为它是最荒谬绝伦的，有如疯人院的哲学。尤其是当时的"无神论"，对于作为封建势力隐蔽所的宗教加以无情的批评。所以法国的唯物论是反映革命的布尔乔亚乃至普罗列塔利亚的意识形态，因而也就是战斗的反形而上学的。

荷兰在十六世纪末便发生了欧洲第一次布尔乔亚革命，所以反映在意识形态上，便出现了斯宾诺莎（一六三二——一六七七）的哲学。斯宾诺莎克服了狄卡儿的二元论，建立了唯物论的体系。虽然他把实体叫做神，但他所谓神是丧失了宗教内容的神。他主张一切自然现象须从自然界本身出发加以说明，也排斥了狄卡儿的"神是运动的创造者"的概念。

然而当英国和法国资本主义的秩序一旦确立而发展起来的时候，还没有等到德国布尔乔亚生长到能够打倒他们的封建制度的时候，德国的布尔乔亚即刻就回避现实的斗争而沉溺于妥协的、调和的多元论中去了，这一方面是由于当时德国政治经济的落后性，规定了德国布尔乔亚的脆弱性、懦怯性和其对封建社会的依存性，他们没有力量进行现实的政治斗争，因而把这斗争转移到思想领域内，把政治革命归纳为哲学革命。另一方面，也是德国的布尔乔亚已经以妥协的方式取得了与封建贵族和僧侣平分统治权的地位，从而反映到意识形态上，便表现为德国哲学辩证唯心论的基础。这种唯心论之辩证法的部分，乃是表明这一时代（十八世纪末十九世纪初）德国布尔乔亚的进步性；另一方面，它的观念论的部分，又是表现德国布尔乔亚的畏缩性。但是德国古典唯心论发生和盛行的时代确是布尔乔亚在世界史上抬头的时代，即布尔乔亚开始民主革命，封建专制制度迅速崩溃的时代。当时法国的大革命，对于十八世纪末、十九世纪初期德国的意识形态的发展曾发生巨大的影响。而德国的哲学唯心辩证法就恰恰反映了封建制度的这一崩溃。马克思对于德国古典的唯心论曾下了一个很精确的定义，他说，这是"德国人的法国革命理论"。自然，由于当时德国布尔乔亚对于现实的追求，使得德国的自然科学相对地发展，所以德国古典的唯心论又反映着当时科学上发生的这一急激的转变。这一急转又是和进化观念之渐渐侵入一切知识领域有联系的，所以它也只能渐渐摧毁那些形而上学的宇宙观的基础。适应德国资本主义这一转化过程的渐进的发展，所以反映到德国意识形态上，古典的唯心论也经过了四个阶段，即从康德、菲希特、席林到黑格尔。其实，在康德之前已经出现了莱布尼茨（一六四六——七一六）的"多元唯心论"，这种"多元唯心论"就已经充分地反映出当时德国的新兴布尔乔亚企图与封建贵族亲睦和谐，以发展其本身利益的幻想。

康德的哲学，承认在现实的本身中有现实对立的存在，这就很明确地反映出当时德国的社会内部矛盾的存在——即布尔乔亚与封建贵族的对立这一事实的存在。

菲希特（一七六二——一八一四）的"主观唯心论"更承认了一切存在之发展的原则，在伦理学的视角之下，把一切注意集中于行动自由问题的研究。他的哲学之辩证法的部分，很显然地是被十八世纪法国大革命的初期光辉的胜利所激动，另一方面，他之所以把一切实践的政治问题归结于伦理学，又是表现着德国经济落后的境况。

十八世纪法国革命初期的光辉胜利，曾激发了德国的前进的布尔乔亚和小布尔乔亚革命的热情，不过革命的进一步发展，——雅柯宾党的独裁，和巴黎革命的恐怖，便又骇退了德国布尔乔亚和小布尔乔亚对革命的尝试。德国布尔乔亚和小布尔乔亚的情绪的这一转变，也影响了德国古典唯心论以后发展的倾向，因而反映在意识形态上，便表现为菲希特的有效的伦理学的唯心论之转向席林（一七七五——一八五四）的更直觉的、反动的神秘主义的唯心论。

黑格尔的唯心辩证法完全是反映着封建社会向资本主义社会转化时代的意识形态。十八世纪法国革命的结果，乃是他的唯心辩证法的出发点和动机。他的认识和唯心论的方式，就恰恰反映着资本主义经济形态在封建制度腹内的发展，所产生的社会结构上之质量的变化。因此，黑格尔注意的中心乃是全世界史的问题。黑格尔的"绝对理性"、"世界精神"以唯心的和目的论的方法，表现出全世界史的转化过程。这一神秘化的产生，是由于社会意识形态在商品资本主义社会的条件下面获得了外部的客观力量的性质，这一力量支配着人，把人跟他的物质劳动的生产品并列起来。黑格尔在其《精神现象学》中，把国家法律及社会意识的一切形态视作人类劳动的结果，把人类劳动仅仅理解为精神劳动。他是唯心论者，并且站在把体力劳动与精神劳动对立的布尔乔亚狭隘的观点上，他无力悟到历史过程中的精神与物质的统一；同时，也无力表明意识形态是决定于物质劳动的历史形态、生产力和阶级斗争的发展水平。诚如恩格斯所指出的："黑格尔哲学的基本矛盾，乃是革命的方法与历史及限制这一方法的保守的体系间的矛盾。"

然而随着欧洲各国革命的布尔乔亚在革命中获得了政权，或与布尔乔亚化的贵族妥协而获得政权，布尔乔亚在政治上的这一转向，因而反映到意识形态上，便是十八世纪各国哲学从唯物论转向唯心论了。尤其是英国的哲学，从十七世纪培根和霍布士为代表的英国"经验论"转化为柏克里的"主观唯心论"与休谟的"不可知论"了。

从洛克哲学中发展出来的柏克里（一六八五——一七五三）主教的彻底的主观唯心论的哲学，已经是反映着当时英国布尔乔亚中的反动集团——与贵族缔结同盟的集团——的意识形态。他公开地反对普罗列塔利亚，公开地拥护"神父主义"。以后休谟（一七一一——一七七六）的"不可知论"，虽然他的反动性来得比较幽雅，但是对唯物论的进攻却更为巧妙，更为深刻了。

我们现在借用恩格斯的一段话来总结这一时代欧洲的意识形态的转化，他在《反杜林论》中说："十七、十八两世纪——英国的培根和洛克、德国的莱布尼茨——的形而上学，自己造成了些雅致的藩篱，他用这些藩篱把自己围绕起来，堵住了由单个的理解走上对整个的理解，走上深入现在事物的一般联系中的道路。在希腊的哲学中，辩证的思维是原始的简单的朴素，没有被这些雅致的藩篱所破坏。"

在中国封建主义的发展占有两千多年的历史时代，从西周末期起迄于鸦片战争，虽然中间封建主义的自身也经过屡次的部分的变质，然而在其经济基础与其剥削关系上仍然是相同的。因而反映到政治形态上，无论是封建贵族的政权或是新兴地主——商人的，即"专制主义"——的政权，在本质上，他们同是封建主义的政权，即都是对直接生产者的农民执行"超经济的强制剥削"的土地所有者的政权。至于无数王朝的更易以及政权形式的统一与分裂，这都只是形式的变动，而不是本质的变革。虽然几次少数民族的侵入都曾或多或少给予中国历史以外的影响，但这也没有根本变革中国历史之封建主义的本质。

随着中国封建主义在其长期演变中之不断的"部分的变质"，因而反映到意识形态上，无论是作为封建统治阶级的意识的"儒学"、"道学"和"佛学",或是反映农民阶级意识形态的哲学……都是随着封建主义之发展而发展的。

中国封建主义在其长期的演进中、发展中,大概可以划分为两个时期,即初期的封建主义时代和专制的封建主义时代。不仅由前一个时期推移到后一个时期是通过历史之"部分的变质"而实现,即在每一个时期中,也由于其自身之"部分的变质"而形成中国封建制之前进的诸过程。所以反映到政治形态和意识形态上,也就表现出各种各样的姿态,以致蒙蔽了我们形式主义者的眼睛,而不能不大惊小怪说,中国封建制社会是"长期停滞"、是"破灭"、是"谜的时代"。其实只要我们的所谓历史家不为政治的形式所蒙蔽,而能把他的研究深入到历史之本质的发展,则即刻就会理解中国的封建制社会的物质基础和其所反映出来的意识形态,不但存在着,而且是一贯地在发展着。

在中国历史上,初期封建主义的登台,是在西周末的周宣王时代。当时封建的庄园制度已取得支配的形态，因而在神权与王权的统一的社会基础上，树立了封建的等级从属的政权，从而反映到意识形态上，便出现了《洪范》、《九畴》以"五行"——自然现象——去解释封建的等级从属，以"卜筮"去欺骗农民服从封建的等级制度。

自西周末期到春秋时代，随着初期封建制度的发展，开始了封建领主之土地兼并。由于地方领主之渐次强大，削弱了最高领主的权威，诚如《诗·序》所云："王道变，礼义变，政教失，国异政，家异俗。"像这样的情形，又正如恩格斯在《德国农民战争》一书中描写十六世纪的德国社会一样，当时的德国，"诸侯从贵族中发生了。他们几乎脱离皇帝而独立，掌握大部分的统治权，他们自由宣战和媾和，他们维持常备军……征收租税，他们已经吸引大部分下级贵族和城市，放在他们骄淫的权力之下……""他们相互对抗，或与诸侯对抗，或与皇帝对抗，不明白自己地位的帝国政府，动摇于对抗帝国的各种分子之间"。这样，自然而然地会引起封建统治阶级内部的矛盾。同时，在另一方面，由于领主对农民的剥削之强化，又加深了领主与农民间的阶级矛盾，因而反映到意识形态上，使一方面在所谓"变风变雅"中表现出农民的"敬天"观念之动摇；另一方面，又从"礼不下庶人，刑不上大夫"的原则下，表现出封建领主为了适应等级的政治从属及确立等级的身份关系，不能不把"天"的欺骗转化为"礼"与"刑"的束缚与压迫——从"宗教的欺骗"到"政治的强制"。

春秋时代，由于封建领主相互间兼并的程度之进行与扩大，引起大批中小领主的灭亡，如齐、楚、秦、晋等的大领主无不并国数十；反之，如在晋国的"栾、郤、原、狐、续、庆、伯，降在皂隶"（左昭三年）。同时，由于大领主权力之扩大与加强，更削弱最高领主的权力，如周郑交质，齐楚窥鼎。另一方面，由于地方小领主的权力之伸张，又形成"公室衰微，私家僭越"的现象，如三家分晋、田氏篡齐、季氏八佾舞于庭。封建领主内部的诸矛盾日趋紧张,"臣弑其君者有之,子弑其父者有之",不但破坏了封建等级制的尊严,并且动摇了宗法社会的观念,因而"礼"与"刑"也就失其效用。从这样一个社会基础上反映出来的意识形态也就非常复杂。第一,从当时统治阶级的立场出发的,便出现了孔丘拥护封建秩序的政治哲学。他一面提出"正名主义",企图重新确立封建的等级身份;同时提出"伦理主义",企图把宗法观念系统化;并且在"礼"与"刑"之外,又重新提出一个统治工具的"德",企图以欺骗去补足法度之不足。这一方面反映当时封建领主统治之无力;另一方面又反映农民大众反抗力之大增。第二,从当时没落贵族集团的颓废生活出发的,便出现了老聃的"复古主义"。他一方面反对封建地主的兼并战争;另一方面又痛诋新兴地主——商人的唯利是图,提出"法自然"与"无为"的原理,幻想在这一原理上回复到"小国寡民"的初期封建制的社会。同时,在"无生有"这一根本出发点上归结为"玄之又玄"的"道",以对抗封建统治阶层人为的"德",这又充分地反映出当时封建贵族之没落的情境。第三,从新兴地主——商人的立场出发的,便出现了杨朱反封建领主的"个人主义"的哲学。

战国时代,是中国封建"领主经济"向新兴"地主经济"移行的时代,这反映在政治形态上,便是中国的初期封建制开始向专制的封建制移行的过程。在这一时期中的封建领主,一方面感于农民反抗运动之勃兴;他方面又感于新兴地主——商人的经济势力之抬头。因而反映到意识形态上,便出现了孟轲的"封建调和主义",企图使旧封建领主与新兴地主——商人在封建剥削的共同利益之下统一起来,共同对付农民的反叛;同时,又企图在"民为贵"的口号之下,缓和农民的反叛,以支持封建统治的存续。到战国末期,随着新兴地主——商人的势力之进一步发展,封建贵族便完全退出政治经济的支配地位,而让位于新兴地主——商人。

因而反映到意识形态上，一方面便出现了代表没落封建领主意识的庄周的"厌世主义"的哲学；同时，荀卿便完全站在新兴统治阶级的立场上而发表了"封建改制论"。以后，随着新兴地主——商人的经济支配地位之完全确立，并进而要求政权的时候，便又出现了韩非的"法治主义"。此外，由于农民阶级之政治意识的觉醒，又反映为墨翟的"兼爱主义"。

秦汉之际，是中国封建制度由"初期封建制"转入"专制的封建制"的转换时期。在经济上，是由于封建"领主经济"让渡于"地主经济"；在政治上，是由以分散的"庄园制"为基础的无数割据的小国，转化为具有统一形式的地主阶级专政的"郡县制"；在意识形态上，便反映为《吕氏春秋》的"大一统"的专制主义。他首先提出"乱莫大于无天子"的口号（《谨听》篇），因而主张重新确定封建的等级关系（《正名》篇），主张武力统一（《禁塞》篇），排击封建领主的"非攻"与"救守"（《振乱》篇），驳斥农民派的"偃兵"论(《荡兵》篇),同时并提倡土地的利用与农业生产技术之提高,以增进地主阶级之利益(《任地》篇)。随着地主——商人阶层的统治权力的确立,在政治上便转而要求对于其自身利益之巩固,因而反映这一统治阶层的意识形态的董仲舒的大一统的政治哲学,便从"动的观点"转入"静止的观点",树立了此后数千年间中国地主阶级的政治哲学的体系。

到后汉末,随着地主阶级土地财富之集中,扩大了社会贫穷的范围,[1]社会内在的矛盾复达到尖锐的程度。广大的失业农民在张角、柳根、王歆、李申等农民领袖的领导之下,表现为"太平道"、"五斗米道"带有宗教色彩的政治行动,[2]因而地主阶级为了镇压农民的叛乱,不能不进行内部的统一。

---

[1]《后汉书》卷七十九"仲长统昌言理乱"篇、"损益"篇及荀悦《申鉴·时事》篇。

[2]《抱朴子内篇·道意》、《后汉书·皇甫嵩传》及《三国志·张鲁传》。

这反映在意识形态上，便表现为"今古文学派"的统一。然而地主阶级，终于无力解决社会的矛盾。为了镇压农民的叛乱，以保持其阶级的统治，于是在四世纪和五世纪，无耻的地主阶级不惜先后引入西北诸少数民族，北部中国和南部中国均先后沦陷于少数民族统治下。但是由于氏族社会与封建社会的合流而演出的类似"庄园式"的经济组织的北朝社会，不但加深了农民的痛苦，扩大了农民的叛乱，并且除了符合于一部分贵族地主的要求以外，对商人地主也是一种妨害。所以引出地主阶级内部之南朝与北朝的对立，这反映在意识形态上，便是南朝的"儒"、"道"与北朝"佛教"的对立。

这种种族间与阶级间的复杂矛盾之发展，使中国社会采取一种逆转的形势，一直到北朝的经济结构之商人——地主阶级化，重新回到发展之途以后，统治阶级内部才得到统一。这反映到意识形态上，便是"儒"、"道"、"佛"的合流。

从五世纪开始，小农在"世业地"及"分有地"

之封建劳动编制中，渐次获得其私有地，形成了小土地所有者的这一阶层。唐代政权之建立，固然是利用流氓无产阶级，而主要的还是由于小土地所有者之积极的支持。但随着唐代地主政权之巩固，新兴的授有"职分田"的功臣及流氓领袖又与原来之世俗地主、僧侣地主所构成之大地主集团成立、妥协转而共同压迫并剥削其自己的同盟者，使小土地所有者与农民负担租庸调的全额，因而在他们与大地主之间又形成对立的形势。这反映在意识形态上，在地主阶级内部，便形成代表世俗地主的韩愈、李翱等的政治哲学与代表僧侣地主的玄奘等的佛学的独立。此外柳完元则站在小土地所有者的立场上而发表其"三教统一论"，吕才则站在农民的立场上发展其以"道"家学说的形式的唯物论（《阴阳书》五十三卷）。

到宋代（十世纪后），"小所有者经济"在社会经济的构成上获得其部分的作用；同时，自由商人的出现与成长构成社会内部之一新的因素，开始都市经济的发展。在这一情势下，世俗地主与僧侣地主不能不取得协调，以共同对抗这一新兴的阶层。这反映到意识形态上，便产生了周敦颐、张载、程颢、程颐的儒佛合流的"理学"。同时，一部分地主阶级又以官僚与商人的两重资格出现，他们凭借"邸肆"与手工业基尔特，不仅压迫小土地所有者和农民，而且也压迫自由商人，因而在他们之间又形成对立。从而反映在意识形态上，一方面便出现了代表小所有者乃至自由商人的王安石的"改良主义"；另一方面，又出现了代表地主阶级的司马光的"保守主义"。王安石的变法，终于在小所有者与自由商人的共同拥护之下得以实现。变法的结果，大土地所有者与自由商人的都市经济获得了比较有利的条件，但同时却加深了他们与地主阶级间的矛盾。地主阶级，一方面感受小土地所有者与自由商人势力的威胁；另一方面又感受农民叛乱的无力的镇压。他们为了重新奠定其阶级统治，索性引进游牧民族。于是刘豫则以"傀儡式的政权"而出现，张邦昌、秦桧则以"政治汉奸"而出现。这种可耻的阶级阴谋之露骨的表现，在过去的中国历史上，以宋代最为明显。

这一游牧民族统治下的北方，由于其社会经济之特殊的构成以及其残酷的榨取，压迫着农民小土地所有者及自由商人的社会生存。虽然对于僧侣地主和贵族地主的利益比较地可以协调，但对于凭借"邸肆"的独占商人地主，在商业利益上也根本受着限制，所以地主阶级中之这一阶层，与统治的游牧种族也有其矛盾。因而反映在宋朝应付游牧种族的侵略的国策上，便一方面表现为汪伯彦、秦桧等贵族地主的"主和"；另一方面表现为岳飞、吴璘、吕焕文、李刚等这些小土地所有者以及农民与自由商人阶级的"主战"。从而反映到意识形态上，便产生了从独占商人——地主立场出发的朱熹的折中哲学，企图从主战的立场去协调地主阶级内部——农民除外——的矛盾。由于游牧种族没有完成其对中国南部的统治，使主和的贵族地主出卖民族的企图遭受挫折而归于失望,于是出现了陆象山的纯观念论的哲学。地主阶级内部的政治对立,反映为意识的对立。同时,自由商人的经济经过北宋一七〇年间的发展,在社会经济的领域中已开始形成其独立性的作用,因而反映在意识形态上,便出现了叶适的"批判主义"[1]及陈亮的"专功论",形成初期布尔乔亚自己的政治思想[2]与地主阶级的"理学"对立的发展。

鞑靼族侵入后,全中国沦于异族统治下几历一世纪之久(一二七九——一三六七)。在蒙古种族长期的统治下,由于其残酷的军事掠夺与政治压迫,曾给予中国社会经济发展以最大的逆转;在另一方面,随着欧亚交通的开辟,国际贸易开始获得了空前的发展,因而又繁荣了中国的都市经济。不过支配中国都市经济的,不是中国商人,而是外来的中

---

[1] 参看《水心文集·习学记》"荀杨问答"。
[2] 参看《龙川文集》。

亚细亚人和意大利人——他们并且参加元朝的统治，直接行使其对中国民族之封建的政治剥削。因而一方面，都市经济发展；另一方面，中国的农民、小土地所有者、自由商人，甚至地主阶级，都在鞑靼族野蛮的军事性的政治权力之下遭受残酷的榨取。在鞑靼族之氏族社会与没落期中中国封建社会的合流而构成之元朝社会政治经济的机构下，中国历史发展的行程采取一种逆转的形势，随着思想也转入黑暗时代，在政治的高压下作为中国封建地主的意识形态的"儒教"，以及作为中国农民自由商人的意识形态，都没有可能充分地表现出来，一直到元末，中国的农民才在白莲教"妖人集团"的号召之下，以宗教形式表现为政治行动。反之，代表中亚细亚商人意识的"回教"，代表意大利商人的"景教"，以及代表依附于异族的僧侣地主的"佛教"和"道教"，这些寺院哲学在这一时代都取得支配的地位。

随着鞑靼人之被驱逐，中国的地主阶级在农民小土地所有者自由商人的援助之下，重新建立了自己的政权——大明王国。鞑靼人的"占地"都被没收，但同时又以"皇庄"、"官庄"等名义分配于统治者阶级。此外因为在明朝建国的过程中，东南地主阶级曾保持相当时期之政治军事的敌对形势，所以当明朝政权树立以后，尽量地没收他们的土地，而以之分赐于贵族，由此，又形成一庞大的贵族大地主阶层，引起地主阶层内部的对立。直到土地测量完成及"一条鞭法"施行以后，才获得地主阶级内部的妥协。这从吴康斋、胡居仁等之带有二元论色彩的政治哲学及薛敬轩的主观主义充分地表现出来。但是随着都市经济之发展与自由商人——布尔乔亚——之抬头，又加速了封建农村经济之解体，地主阶级内的诸阶层为支持其阶级统治起见，又获得其内部的统一，因而产生了陈献章以至王阳明"知行合一"的保守主义的哲学，成为地主阶级哲学的集大成，对中国地主阶级的哲学作了一个总结。随着农民大众反封建地主的斗争之尖锐化以后，又反映为"王学"之左右派的对立。都市经济在明代，虽然由于外在的诸原因，如中亚交通之断绝，沿海各地倭寇之侵袭，稍呈逆转，但自十七世纪初，由于葡萄牙等欧洲商人之来到中国，又重新繁荣起来。到明清之际布尔乔亚都市经济，已渐次成为社会经济领域中之主要的因素，给予农村经济以极大的分解作用，加速农村之崩溃的过程，这就反映为结束大明王国的统治之明末农民的大叛乱。

地主阶级为了镇压农民的叛乱以及布尔乔亚之威胁，于是又无耻地做出卖民族的勾当，引进了女真族的侵入，使中国重新陷于异族的统治下垂三百余年。但是女真族的入主中国，并不能停止都市经济对农村之分解作用，而且，在清初布尔乔亚已开始其独立性的表现，这反映在意识形态上，便出现了黄宗羲、戴震、王夫之等人的布尔乔亚的政治哲学。同时，由于农民意识的觉醒，又出现了颜元一派的农民的政治哲学。相反地，由于封建地主之渐趋没落，反映于他们的意识形态上，也就只是产生了顾亭林、孙奇逢、李二曲等的庸俗的保守主义的政治哲学。

以后（一七九六——一八五〇）由于中国工厂手工业的出现，表现着布尔乔亚经济之萌芽。同时由于外国资本主义之侵入，以及农民反封建的斗争之激烈化，在这三种势力的压迫之下，于是一部分的官僚地主开始其向官僚资本的转化，他们以其封建剥削之所得移于商业，开始国营事业的创立。这反映在意识形态上，便出现了从官僚资本出发的龚自珍、魏源等的近代布尔乔亚的政治哲学。

可是当中国的布尔乔亚刚刚走入阶级任务之执行的历史进程中，还没有等到他们社会因素的完全成熟，便遭遇着外来的资本主义的袭击——"鸦片战争"，把他们窒死于封建社会的母胎之内，而决定了中国布尔乔亚此后之半殖民地的命运，赋予中国布尔乔亚以买办的属性。所以中国的布尔乔亚自其出生以后，始终不能有先进各国的布尔乔亚所表演过的那种坚决的态度，却是带着极浓厚的妥协的温和主义的倾向，表现其动摇不定的两面性，这自戊戌的"立宪运动"以至在历次的革命中，都表现得很明白。另一方面，随着农村的解体，在双重压榨下的农民便也不断的揭起其反封建，甚至同时反帝反封建的革命运动，如"太平天国"的反封建运动，"义和团"的反帝运动，以至他们参加各次之反帝反封建的革命运动，这便是农民阶级的政治意识与政治要求之具体表现。一方面在半封建半殖民地形势下的中国，劳动者一出现到历史舞台，就能表现其国际主义的特性。他们是反帝反封建民族革命的支柱，所以从"五四运动"开始，社会主义的思想——"无政府主义"、"马列主义"等——便在中国展开其光辉的发展前途，那便是适应中国普罗列塔利亚势力的发展而反映其政治要求的意识形态的发展。同时，自"二七运动"、"五卅运动"、"省港大罢工"，以至在大革命与这次的民族抗战中，中国的普罗列塔利亚及其前锋队，便都在表现其政治的要求与行动任务。

像这样的意识形态之发展,都是根据于中国封建社会的经济之发展而反映出来的。无论它采取何种形式,但在本质上都是反映着封建社会之各个发展时期的内容。封建社会的物质基础反映为封建社会的意识形态,同时封建社会的意识形态又反过来促成封建社会的发展。胡适、陶希圣等,他们因为只从政治的形式上去观察,因而也就无法理解中国的政治思想以至哲学思想,他们完全从一个思想者的自身来说明一个思想者,而没有深刻地把这一思想者的阶级性指明出来。因而陶希圣便会认为"孟子的思想是从那与孔子思想所基的社会阶级不同的阶级出发",便会把"世袭贵族"与"乡村地主"当做是不同的两个阶级,会把"农奴制"与"独立小农"对立起来,会把"衣食租税"的后代的王侯与"统治封土"的西汉初年的王侯看做不同质的东西。因而,他的大著《中国政治思想史》,我们也就不能不认为是"徒劳或可怪"。

五　适应于资本主义社会的经济构成之上层建筑诸形态

很自然地，当布尔乔亚自身还是在被压迫或求解放的时候，他们为了争取现实从而改变自身的历史环境，与之相适应的意识形态，也是现实的、战斗的、唯物的，因为他们一样要利用唯物论作为反封建贵族和僧侣阶级的神秘主义的武器。但是当他们自身一旦得到解放而代替了封建贵族或僧侣阶级的地位，或者仅仅取得一个与封建贵族和僧侣阶级妥协的地位的时候，他们为了保有现实，从而稳定并扩大其对现实的占有，随着就抛弃并诽谤曾经解放他们的唯物论而开始背叛科学，歪曲真理，彻头彻尾地暴露其保守性、反动性，从"无神论"退回"僧侣主义"，从"战斗唯物论"退回"怀疑主义"、"神秘主义"。像这样的情形，就正充分地说明了意识与存在间之相互的适应性。

自然英法两国布尔乔亚夺取了政治权力，同时普罗列塔利亚又随同而强大起来之后，他们为了与新兴的普罗列塔利亚搏斗，如一八三〇年法国的"七月革命"、一八三一年和一八三三年两次"里昂暴动"、一八三〇——一八四〇年的英国"宪章运动"、一八四八年的英国革命，都显示了普罗列塔利亚与布尔乔亚在实践的生活领域内的斗争，已经开始采取了较尖锐的和足以威胁资本主义的政治行动。同时，资本主义生产方法之发展又打破了各民族的地方的狭隘性、停滞性和闭关主义，使全世界成为一系列的环节。生产力的发展和法国胜利的布尔乔亚的革命，指出了历史发展的进步行程，标明了由低级转向更高一级发展阶段的历史原理。

由于这一社会的经济基础之变革，因而反映到政治形态上，便是：一方面，布尔乔亚利用警察的"棍棒政治"去镇压普罗列塔利亚和殖民地奴隶的叛乱；另一方面，普罗列塔利亚和殖民地奴隶则发动罢工运动和叛乱运动来挣脱布尔乔亚所给予他们的锁链，于是形成布尔乔亚与国内普罗列塔利亚及国外殖民地奴隶之间的对立的形势。

这样的对立的政治形势，反映到意识形态上，便是一方面表现为空想社会主义，以至真正代表普罗列塔利亚的马克思恩格斯的科学社会主义，及作为其出发点的史的唯物论；另一方面，则表现为代表布尔乔亚的反史的唯物论的庸俗的政治经济学，以至哲学的理论。

当资本主义还在自由竞争的历史阶段中，布尔乔亚正需要利用一切可能的欺骗来执行其残酷的压榨，所以作为他们的意识形态而表现出来的哲学，已不是公平地去研究现实，而是虚伪地替资本主义社会作辩护了。恩格斯在《费尔巴哈论》中曾指出，德国的哲学思维，在一八四八年革命以后就渐次倾向于衰落和腐化。"至于历史科学——哲学包括在内，以往毫无所谓的理论的研究精神已随古典哲学而完全消灭了，代之而兴起的则是毫无意义的折中论，关于肥缺和薪水的关心，甚至极卑鄙的阿谀。这一科学的官方代表者已成了布尔乔亚和现存国家公开的思想家,这时,不论布尔乔亚或其国家都已和劳动者阶级进行公开的斗争了。旧的德国人爱好理论的兴趣,现在唯有在普罗列塔利亚中还继续生存着——德国的工人运动,乃是德国古典哲学的继承人。"

随着资本主义对殖民地侵略之加强,折中论和反动的好战的唯心论,便在布尔乔亚的哲学上盖上了烙印。由于阶级对立的矛盾之锐化,因而现代布尔乔亚的哲学,把反唯物论的斗争认为是自己唯一的任务。以往有名的哲学体系,现在一变而为无数平凡庸俗的学派,布尔乔亚娇养的所谓"学者",以及他们御用的大学教授的折中哲学,公开地在执行阶级利益的辩护。随着布尔乔亚之日益变为寄生阶级,他们渐次感觉创造之无力而日益陷于堕落,因而反映在意识形态上,也表现为反动的模仿主义,他们以各种各样的调子,重复那过去哲学的最浅薄的最反动的方面,一再嚼咬早已推翻的柏克里、休谟、康德等的哲学体系。

所谓"新休谟主义"、"新康德主义"、"新斯宾诺莎主义"、"新黑格尔主义"、"新马赫主义",乃至所谓"实验主义"都一一出现了。这些所谓"哲学",就恰恰反映着行将没落的布尔乔亚的回光返照。

总之,这些流俗的哲学与资本主义总危机是相适应的。在普罗列塔利亚革命直接威胁资本主义的情势下,"非合理主义"和"神秘主义",在资本主义的哲学中变成了支配的东西。十九世纪下半期英国布尔乔亚之堕落的状况,就恰恰从斯特林、布莱德里、麦克达加特等之"新黑格尔主义"反映出来。此外如"新黑格尔主义"者里柏特（A. Libert）之"悲剧的辩证法",加西列（E. Cassirer）之"历史主义"与康德"先验主义"的调和论,"新康德主义"者里凯特温德班之"史的观念论",把自然与历史对立起来,他们都已经倾向于宗教与神秘。

在美国,皮尔士、詹姆士的"实验主义",就恰恰反映出美国唯利是图的布尔乔亚的意识形态。这种哲学,客观的真理是没有的,真实的东西只是在我们思维方式上便利的东西而已。他们以为凡是实践上有用的才是真实的。所以"问题已不在于某一法则是正确的还是不正确的,而在于它对于资本是有益的还是有害的,是便利的还是不便利的,是与警察的目的相符合的还是不相符合的"。[1]自然,这样的哲学与其称它为哲学,毋宁称它为交易所的"生意经",不过它一方面带着浓厚的铜臭,他方面它还不仅以斯宾诺莎对于科学和宗教的分界为满足,而还要把宗教渗透宇宙观的基础本身深入到科学认识的内部。在"实验主义"者的哲学魔术之下,上帝离开了神坛,走进了交易所的柜台了。

六 适应于目前伟大的历史变革时代之上层建筑诸形态

当着资本主义进到帝国主义,以致某些国家已

---

[1] 马克思:《资本论》卷一,"序言"。

以法西斯"盗匪主义"出现的今日，一方面由于寡头金融资产阶级的世界统治，随着世界经济总危机之不断袭击而渐趋动摇，因而又加紧了他们对劳动阶级之更残酷的压榨，而形成阶级对立之极端尖锐化。

另一方面，一切资本帝国主义都想从危机中逃出来，一部分的国家如英美法则企图保有并巩固其原有的殖民地的永远统治；另一部分的国家，如德意日则企图发动重分殖民地的战争，企图以暴力奴化更广大的人类，因而又形成帝国主义内部相互间的对立。

同时由于少数帝国主义已经以法西斯侵略主义而出现，他们积极地进攻弱小民族，如德国之并吞奥地利，意大利之并吞阿比西尼亚，日本之侵略中国以及德意联合进攻西班牙的共和政府。但是由于现阶段殖民地民族意识的觉醒，他们为了民族解放正在展开轰轰烈烈的反侵略的民族解放斗争，这在中国在西班牙乃至在阿比西尼亚都还在反侵略的斗争中。

此外，由于苏联之存在、发展与壮大，证实了社会主义之历史的胜利，证实了社会主义在一国实现的可能，即证实了资本主义发展不均衡理论的正确。现在胜利的社会主义国家苏联，已经充任了一切被压迫民族与阶级之解放斗争的堡垒，而且昭示了全世界被压迫民族与阶级以解放斗争胜利的可能。实际上，它已经威胁了帝国主义的世界统治，全世界被压迫的民族与阶级，都在这一历史事实的昭示之下，在反侵略主义大旗之下，展开英勇的神圣的斗争，开辟他们自己的伟大的历史时代。

国际金融资产阶级为了延长其世界统治，以及抵抗新兴革命势力的攻势，因而在有些条件特殊的国家，如德意日等，反映在其国家的政治上，便表现为野蛮的法西斯主义，从而反映在意识形态上，便不仅退回到传统的史的观念论，并且退回到更庸俗、更无耻、更反动的顶点。在法西斯国家中，那些御用的所谓"学者"、"大学教授"，他们已经毫无廉耻地倒在法西斯盗匪的长统马靴下面，一致悲号"布尔雪维克的危险"，一致强调尼采哲学中的"教级制"，公开地宣布，"教级制"的秩序不仅是自然界本身的最高法则，而且是阶级社会组织的原则。他们为了这一目的，使生命的生物学过程神秘化，获得应该生长扩大他的权力，吞并他人的力量。生活活动的原则乃是求权力的意识，凡能帮助主人支配奴隶的一切都是至善的东西，因而尼采哲学中对权力和最高种族的崇拜，现在被法西斯盗匪御用的奴才学者扩大地利用起来，而归结为希特勒所谓"暴力即正义"的"盗匪哲学"。

因此，现代法西斯主义的哲学，已经完全放弃科学的研究，狂暴地反对辩证唯物论，公开地宣传"蒙昧主义"、"神秘主义"、"神甫主义"以及"极端狭义的爱国主义"。他们崇拜战争和暴力。他们无力创造哲学体系，仅仅利用哲学中一切最反动的倾向、因素，折中地或更荒谬地乱凑起来。如胡塞尔（Edmund Husserl）的"直觉论"，他发明了"超时间性"的理论，同时把"逻辑的形式主义"达到极度，而变为"非逻辑论"。柏格森（Hensi Bergson）的"直觉论"比胡塞尔却更要卑下了一步，他更明鲜地反映出布尔乔亚最后的无理智的反动，他以直觉代替他反动的目的，而最后达到"反唯智论"的结论。

像这样的情形，差不多反映到现阶段布尔乔亚的一切科学和文化的领域内，就是布尔乔亚的哲学家克罗纳也不能不承认："我们的这一时代可以叫做危机时代，差不多一切科学和文化的领城内，人们都讲到危机。所以关于精神、神学和历史直到法律科学的危机早就尖锐化了，而且根据布勒尔和德里西的指示，即心理学也是免不了的。科学中最精确的如数学和物理学，也没有逃避过基础的严重动摇，关于这种危机形势的原因，已有好多人在讨论着。有人认为应说是'科学的破产'，不过这些危机极深远的原因则是基本的哲学原则的斗争，这些原则对于科学的、社会的和文化的各个问题，都有着影响——哲学的真正耻辱，只是哲学的无政府，只是在于哲学见解和其可恶的立场的无数众多。"[1]

随着资本主义的发展到最后阶段，资本主义社会内在的矛盾也达到尖端。资本的集中与积聚，造成了社会广大的贫穷，成千成万的劳动者在残酷的剥削下渐渐觉醒过来，他们逐渐认识了自己革命的历史，和革新旧社会制度而建立新社会的任务，于是在布尔乔亚与普罗列塔利亚之间展开了无情的斗争。马克思和恩格斯的"史的唯物论"，便作了这一时代的普罗列塔利亚革命的指导原理，他们揭发了资本主义社会中人剥削人的秘密——剩余价值，从过去全世界历史的人类实践的成果上指明了人类历史的伟大前程——社会主义社会，更提示了全部人类的历史——除原始时代而外都是阶级斗争的历史，只有阶级斗争才是历史的推动力。所以辩证唯物论，是最进步最彻底而且具有实践性与积极

---

[1] F. Kmoner：*Die Anarohil der Philosophi Schen System.*

性的一种哲学，它不容许任何形而上学的褊狭性、神秘性和宗教性，以及任何方式所表现出来的欺骗性。这也就恰恰反映出普罗列塔利亚已大步地走进其自己的历史时代。

随着布尔乔亚对普罗列塔利亚的剥削之愈益残酷，阶级斗争也愈益激化。作为资本主义国家火并的第一次世界大战，便不能不在一九一四年以俄罗斯的"十月革命"而告终。从此以后，人类世界上出现了有史以来未有的普罗列塔利亚的国家——苏联。在世界政治经济上形成了两个对立的体制，因而反映在意识形态上，观念论与辩证唯物论的斗争也愈益鲜明，愈益尖锐。在这一时代，列宁便以普罗列塔利亚革命的领导者而出现，他基于帝国主义和普罗列塔利亚革命时代，以最丰富的新材料，对于马克思恩格斯的辩证唯物论加以发挥而提高到更高阶段。他研究资本主义新时代——帝国主义时代——的规律，即资本主义发展的不平衡律，从而发现社会主义在一国家实现的可能性，并且在《帝国主义论》一书中，尽量地暴露资本主义最后阶段之一切腐烂性与死灭性，以社会主义胜利的现实，昭示并鼓励全世界普罗列塔利亚对于其自身的革命任务之执行。他一方面与正统的布尔乔亚的庸俗哲学斗争，另一方面，又与残存于苏联国内的"右翼"的"机会主义"与所谓"左翼"的"托洛茨基派"斗争，在反对"民粹派"的"主观论"，斯特鲁威的"布尔乔亚的客观论"，普列哈诺夫的"抽象形式主义"及"康德主义"的错误与托洛茨基的"主观唯心论"、"意志中心论"及"机械论"等等的斗争中，光辉地发展了并实践了马恩的辩证唯物论。

随着苏联社会主义经济建设之伟大的成功，普罗列塔利亚的政权在世界的一角，也就跟着变为巩固与坚强，在其伟大的斗争的历史实践上，通过"新经济政策"时代及两个"五年计划经济"时代，创造了惊人的历史伟迹，他们肃清了国内残余的反动势力，击退了国际帝国主义的武力与经济的进攻，开创出人类历史崭新的时代。他们从根基上消灭了作为阶级剥削的经济基础，在政治上粉碎了阶级剥削的体制，从而反映到意识形态上，也表现为无阶级、无种族、无国界的真正的彻底的民主、自由与平等。这在史大林宪法中已经充分表明了。自然一直到现在，国际帝国主义者进攻苏联的企图并没有丝毫放松，德国和日本法西斯盗匪还在积极地利用反动的"托洛茨基派"在进行颠覆社会主义国家的阴谋。不过苏联现在已具有强大无比的国防武力，不仅足以粉碎一切侵略主义强盗的进攻，而且成为捍卫世界和平与人类文化的支柱。

到史大林这一阶段，他由于普罗列塔利亚在帝国主义时代革命的阶级斗争之伟大的经验，与在苏联的胜利所给予的许多应用，使普罗列塔利亚革命的哲学内容更加丰富和具体化了。它是基于对新的历史时代——帝国主义战争与普罗列塔利亚及殖民地革命时代——的研究而产生的。这个新时代，把革命的推翻侵略主义作为最重要的最迫切的任务。他批判了布哈林的"均衡论"、波格达诺夫的"组织形态论"、卡列夫斯登的"唯心论",以及"托洛茨基主义"、"季诺维也夫主义"这些机会主义者的错误的理论。史大林的这种革命的理论,现在已经取得全世界普罗列塔利亚的赞美,同时,也遭受全世界布尔乔亚的诬蔑与仇视。反之,他所批判的那些理论,它们早已成为帝国主义哲学中一个有机的部分,它们的特点,就是隐蔽在普罗列塔利亚的名字之下,更深刻地去完成他们叛徒的任务。

阶级对立的意识形态同样也表现在文学中,一方面是帝国主义的歌颂者,他们除了宣扬殖民地的"德政",吃人的战争也是主题之一。此外对于布尔乔亚的独占,大规模的"康采恩"也推崇备至,如英国的吉卜龄(R. Kipling)——帝国主义文学最大的代表,他喜悦而放肆地描写英国士兵枪杀印度土人的情形,而歌颂这是英勇的伟业。麦唐纳(R. MacDonald)一九一〇年出版的《印度醒觉》完全把机会主义文艺读物的本质说明了。意大利的"未来派"领袖玛利莱提（Marinette）直接了当地说："战争——世界唯一的健康术。"法国布尔乔亚作家亚当（P. Aden）一九一〇年出版的《托拉斯》，歌颂资本家的伟业。有名的法国作家布鲁斯特的《反现实派》，充分反映帝国主义时代布尔乔亚完全腐化最好的证明。美国的祁士河曼（D. Geresheimer）、蔡维格（S. Taveig），德国爱斯米德（K. Schmidt），他们都不自觉地在文学中表示出布尔乔亚已经没有创造力和生命力了。

在相反的方面，我们又看到全世界优秀的文艺家们，在勇敢地反对资本主义制度，帮助普罗列塔利亚去争取人类之新的自由平等的世界。罗曼·罗兰（Romain Rolland）、亨利·曼（Henri Mann）、德莱塞（T. Dreiser）、裴汪格（L. Feihtvan Ger）、马尔洛（Andre Malro）、阿比梯（R. Albert）、鲁迅，还有许多作家，他们的民族性、年龄、习惯、教育、出身都不一样，有些连政治观点也不相同，但由于对于帝国主义一致的仇恨，把他们团结起来。

现在,是帝国主义战争和革命的时代。一方面是寡头金融资本家最后的反动;另一方面是全世界普罗列塔利亚的伟大的革命。

不过在帝国主义国家中,照伐尔加的说法:"一类是年老的帝国主义狼子,其利益首先在保持已到手的掠夺品。还有一类是年轻的帝国主义盗匪,为着重分赃物而挑起战争。"列宁指出与英法美资本主义并列的"出现了另一群资本家,他们更具有掠夺性,更具有抢劫性,这一群当走近资本主义餐桌时,所有的座位已全被占据了"。这一群的代表就是德、意和日本,而其特征,就在于"占领殖民地,掠夺别人的土地,排斥和毁坏较占上风的竞争者"[1]。因而在帝国主义阵营中,一方面形成以保有殖民地为目的之英美法的和平阵线;另一方面形成以重分殖民地为目的的德意日侵略阵线。

同时,由于帝国主义,尤其侵略主义者之无限

---

[1]《列宁全集》卷十八,第二四八页。

制地扩张军备，又加重了国内劳动大众及中小布尔乔亚的负担，于是引起侵略国家内部的劳动大众与中小布尔乔亚，甚至进步的大资本家，在反侵略的意义上结合起来，并进而与被侵略的弱小民族及殖民地的民族革命的解放斗争结合起来，形成一个伟大的国际反侵略阵线。这个力量又与苏联社会主义的力量合流，这样的情形，在阿比西尼亚、在西班牙、在中国的抗日战争中，已经表现得非常明显了。帝国主义国家内革命的劳动大众以及进步的政党和殖民地广大的人民大众，他们一致在为着独立、自由与解放而参加反法西斯侵略主义的斗争。

像这样的情形，已经明白宣布帝国主义的终结，这反映到意识形态上，一方面便是布尔乔亚代言人之更公然地拥护战争，拥护掠夺，拥护屠杀；另一方面，殖民地及弱小民族则在反侵略的斗争中，无论在文艺上、哲学上，在争取彻底的自由平等解放的基础上，又把现实的战斗意识发展到一个更高阶段。自然，在另一方面，法西斯侵略主义的走狗，也在这一时代中表现其效忠于其主子的无耻作用。例如在中国少数封建余孽和一二无耻的买办，在充任那背叛民族利益的汉奸与国际间谍的托派。因而，在敌人的御使下传播着"民族投降主义"、"失败主义"，然而这在历史的激流中，是不久要被扫荡的。

陆　关于中国社会形势发展史问题

一　中国社会形势发展史问题之提出及其展开

关于中国社会形势发展史这一问题，在中国史学上之提起，是在一九二六——一九二七年中国大革命后的事情。当时由于中国革命之"退潮"，有些人便以为对于中国革命的方向有重新加以估定之必要，而对于这一革命方向之新估定，又必须依据于中国历史发展的倾向与中国现阶段的社会性之正确的认识。因此，在当时曾经以《读书》杂志为中心而引起对于中国社会形势发展史之热烈的理论的斗争。可惜当时参加这一理论的斗争者，如李季、陶希圣、王礼锡、胡秋原、严灵峰等，都一味忙于旁征博引马克思、恩格斯、列宁的文句，而忘记去研究具体的中国历史。因而争辩的双方，都只以引经据典为能事，不以事实去说明历史，而以公式去推论历史，从而这一为了解决现实的革命问题而引起的历史研讨反而离开现实，变成经院派的空谈。这种经院派的争辩，即令就延长到一千年，其不能彻底清算中国社会发展中之社会的、经济的、政治的乃至意识形态上的诸问题，这是可以断言的。所以随着《读书》杂志的终局，对于中国社会形势发展史的这一争论，也没有得到一个正确的或不正确的结论。不过他们研究的动机和批判的精神，对于中国社会形势发展史总算尽了一个启蒙的任务，这是值得指明的。

从此以后，中国的史学界又仿佛转入一个沉寂的时代。其实这样的沉寂，正是中国历史研究由空洞的理论斗争，转入一个更深入的研究时代，无论在方法论上和对具体的历史事实的认识上都有进一步的发展。在中国有吕振羽的《史前期中国社会研究》及《殷周时代的中国社会》，郭沫若对于中国古史材料如甲骨金石文字的整理，此外在日本有相川春喜、高端逸夫、佐野袈裟美等，在苏联有柯瓦列夫、雷哈德等，对于中国历史都有新的认识。再一方面，还有标明"专攻历史的刊物"——陶希圣所主编的《食货》，对于中国历史的改造也抱着一个热烈的宏愿。可惜这个刊物终于也只能做到一些搜求琐碎的片断的史料的工作，而并没做到如陶希圣在该刊"创刊号"上"编者的话"所预约的"特殊的问题的提出和解决，局部的历史的大翻修大改造"。反之，陶希圣在其研究中国社会政治史时的副产物——《中国政治思想史》中对中国社会形势发展史的认识，却退回到什么"神权时代"、"王权时代"……去了。这又是一件值得惋惜的事情。

最近何干之的《中国社会史问题论战》，对于以前中国社会史论战中所遗留下来而尚未得到解决的"亚细亚的生产方法问题"、"奴隶所有者社会问题"，以及"中国封建社会的特质"这些"旧的问题"，予以"新的看法"。何干之在其著作中，批判了国内国外许多历史家对于这几个问题的意见或错误的认识，这可以说是中国社会史论战的一个总结。但可惜的是何干之并没有提到中国历史之先阶段社会问题和中国现阶段的社会性问题，因而对于中国社会形势发展仍然是有待于说明。

现在，中国又临于这样一个更伟大的历史变革时代——民族解放斗争的时代。为了争取历史的胜利，一方面，固然是需要坚决我们主观的斗争；但在另一方面，我们也要尽可能地去利用有利的历史倾向。我们要使主观的斗争配合着客观的形势——即历史的必然——的发展，尤其要以中国历史发展的原理指导这一现实的民族解放斗争，然后才能使这一斗争更顺利地获得其最后的胜利。因此，在现在来研究中国社会形势发展史的问题，绝不是一种经院式的无病呻吟；反之而是一个最迫切的政治任务。

为了研究中国社会形势发展史问题，历史哲学是必要的。"无论是怎样的东西，它都要完全依从了方法的时候，才能开始把握和适当理解。"这里所谓方法，当然不是胡适用以"求因明变"的实验主义的方法，也不是陶希圣用以"归纳综合"的"巧妙的逻辑"，而是史的唯物论，也可以说，就是一种最彻底的认识论。因为认识论的自身也是历史的，也是随着历史之发展而发展的，所以人类对其自身所处的社会之认识，随着时代之不同而不断地变易其见解。同样，由于历史家自身所处的社会环境不同，对于同一历史事件也可以表现为不同的认识，从而表现为不同的见解，所以认识论不仅是历史的，而且是阶级的。正因为如此，所以方法论并不是死板的公式，而是对现实之活的认识。不懂得方法论，不但不能正确地理解中国的历史，而且就是单纯的搜集史料也是不够的。

其次，便是史料的问题。因为一部分人借口于史料的不足而拒绝对中国古代社会的研究，因而作为中国历史之出发点的原始时代,曾有一个长时期没有人过问,从而中国历史研究的范围,长期地局限于封建社会史,至多提前到奴隶社会史这一阶段中,而不能进一步去根究中国历史之起源的问题。在这样的情形之下,不但无法理解中国社会形势发展之整个的行程,而且就对于他们从中间裁取的一段也无法究明。所以陶希圣便发出"秦汉以后的中国社会……新旧的现象和奇异的变迁,几乎使人惶惑不解"的悲叹。王礼锡、胡秋原等便会对"秦以后的社会"认为是中国社会形势发展中的"谜的时代",因而出现了许许多多新的历史名词,如"前资本主义"、"先资本主义"、"商业资本主义"、"专制主义"、"官僚主义"、"士大夫阶级的社会"等,一直到现在,还没有认清中国封建社会长期停滞的原因。这固然是由于对作为中国历史的出发点的原始社会没有展开有系统的研究,因而存在于封建社会内之各种前期的残余无法理解。自然,出现于中国社会形势发展史研究领域中的种种谬见,主要的还是由于缺乏正确的哲学作为分析认识以至批判的出发点。

二 社会形势的发展与历史的飞跃性

以往中国的历史学家大概都承继班固"断代为史"的作风,把中国的历史依据王朝的更替割裂为许多片断。这显然是由于认识论之不同,他们只看见作为统治者的个人之政权的移转,没有看见作为社会基础的经济的发展与转化,以及由此而引起之历史的飞跃。这就是说只看见历史上形式的转换,而看不见历史之本质的变革;只看见历史的片断,而看不见历史的连续性,尤其看不见连续性的中断——即历史的飞跃性。

所谓历史的飞跃性,不仅是由量到量,而是量到质的转化。这一转化再不是历史之渐次性的发展,而是在历史上出现了一个与以前完全异质的现象。这种历史的飞跃是如何形成的呢?马克思说:"在人类进化的一定阶段,社会的物质生产力与现存的生产关系发生冲突，或者——这不过是关于一事一物的一种法律的表现——与它们以前的在内经营所依的财产关系发生冲突，由于生产力的发展形态，这些关系变成了它的羁绊。于是来到了社会革命的时代。"[1]这里所谓社会革命就是历史的飞跃。因为它完全否定了前一时代的社会经济的内容，而跃入一个与以前不同质的更高的社会经济的阶段。但是这一更高的社会经济的阶段，又必然被后来的比它更高的再否定其存在。前者是历史的"否定"，后者是历史的"否定之否定"。历史就是由于这种矛盾之不断的分裂与统一而继续其向前的发展。所以马克思以为"历史屡屡以飞跃及轧轹而前进"。当马克思把这种过程形容为否定之否定的时候，他并不是想用它去说明这个过程之历史的必然性；反之，他先在历史上证明这种过程一部分已经在历史上完成，一部分一定将要完成。以后，他更指出这是按

---

[1] 恩格斯：《反杜林论》第二五三至二五四页。

照辩证法而完成的过程。例如："一切文化民族都从土地公有制开始,在一切经过某种原始状态的一切民族中,因农业的发展,共有财产开始阻碍着它的生产。这种共有被废除了,被否定了,经过多少长久的中间阶段之后,它转成了私有财产。可是农业因私有财产之助长而达到高度发展的阶段时,私有财产制度反过来又成为阻碍生产的桎梏,现在小的及大的所有都是如此。由此必然地产生那否定私有财产转化为社会财产的要求。但这一要求并不是指原始共有的复归,而是指更高度更发展的共有形态之建立,这形态不但不是生产的障碍,而且相反地使生产解脱一切桎梏,而能完全地利用近代科学的发现与机械的发明。"[1]所以"资本主义生产方法与占有形式,以及资本主义的私有财产,正是那种以自己劳动为基础的个人私有财产之第一个否定。但是一定的自然法则,使资本主义的生产产生自己

---

[1] 恩格斯:《反杜林论》第二五三至二五四页。

的否定,这是否定之否定"[1]。

像这样历史发展的法则不仅表现于经济上,同时也反映到政治上。例如:"人民之所以设立君主,是为了保护他们的自由,而不是为着毁灭他们。可是这些君主必然地转成人民的压迫者;他们加紧的压迫,便达到极端不平等的地步……可是专制君主只有在握有权力之时方能成为君主,所以在把他放逐之时,他又是不能埋怨暴力的……暴力支持了他,暴力毁灭了他,一切都按着正确的自然的道路前进。这样不平等又重新转成平等,可是不是转成原始没有言语的人的旧时自然平等,而是转成更高的社会公约的平等。压迫者被压迫了,这是否定之否定。"[2]这就是说,人类在自然未开化的状态中是平等的……每个新的文明的进步,同时又是新的不平等的进步,与文明同时产生的社会所造成之一切结

---

[1] 恩格斯:《反杜林论》第二六四页。
[2] 同上,第二五七页。

构,转成与原来目的相反的东西。然而历史的法则,又必然使这由平等发展出来的不平等转化为平等。

同样,也反映到社会的意识形态上,例如:"旧的唯物论为观念论所否定了,可是在哲学向前发展中,观念论又不能支持,而为近代唯物论所否定,近代唯物论——否定之否定——不仅是简单地使旧唯物论再现,而是把二千年来的哲学、自然科学的发展以及二千年来历史本身发展上整个思想的内容,加于唯物论的基础上。"[1]

像这样的历史发展法则,对于目前保有权力的布尔乔亚是一个最大的威吓。因为这样就显然地指明了历史不仅是由太古的时代转变到现在的资本主义社会,而且也指明了历史又必然要从现代的资本主义社会转变到一个更高阶段的新的社会,因而资本主义社会也不过是历史发展过程中之一个阶段,而不是一个万世不变的永恒的神圣的秩序,它必然

---

[1] 恩格斯:《反杜林论》第二五六页。

要在历史飞跃的法则之前归于毁灭。

为了要肯定现存秩序之永恒不变性,那些效忠于布尔乔亚的史的观念论者,便不能不竭其忠贞,极力反对有害于他们主人的历史飞跃性这种理论。他们从坟墓中掘出陈腐的进化论,用以代替并否定历史的飞跃的理论。"他们断言着,飞跃无论在自然中、在历史中都不存在,他们在某种现象或社会制度的发生场合,把这种现象或制度看成起初仿佛是极微小的,完全为目力所看不见的,后来才慢慢长成起来的东西似的。而在这种现象及制度消灭的问题的场合,他们就相反地假定着现象及制度的'渐次性'的减少,继续到成为显微镜看不见的分量,完全不能认识为止。"[1] 很明白地,他们企图以"量的渐次性"之增大与减少的进化论,去取消作为"质的突变"之历史的飞跃性——即社会发展中之革命事实的存在。他们把历史上划时代的一些农民

---

[1] 恩格斯:《反杜林论》第二三二页。

革命运动都一律以"叛乱"二字很轻松地隐蔽了。同样把那些对中国历史的本身具有最大影响作用的"少数民族之侵入",都用"蛮夷猾夷"、"夷狄交侵"四个大字很傲慢地把它们抹杀了。这样,在他们的中国历史中,既无"内的矛盾",也无"外的影响",当然更不会有"发展",尤其不会有"突变"。从而中国五千多年的历史,在观念论者看来,都是建基于同一性质的社会经济的基础上,这一基础是永恒不变不动的;变动的只是帝王的更替,朝代的兴亡,即统治者政权的移转。自然,这些帝王的更替与朝代的兴亡,这种政权的转换,在他们看来也不是由社会经济的变革所决定,而是一些英雄的意识的体现。因而,只要是帝王,他们便没有什么本质的不同,所不同的只是这些帝王私人的生活和他们的性情,以及所谓"仁"与"暴"。同样,前一王朝与后一王朝的政权也没有什么关联,而只是在同一不变不动的社会经济基础上所表现的同一的政治形态。所以他们的历史只有时代的前后,没有本质的差异,因为他们划分中国的历史,在以往都是以朝代为准则,一部廿四史都是各自孤立的断代的王朝史。后来虽然打破朝代的界限而以时代为准则,划分中国历史为上古史、中古史及近世史,然而这仍是时代的论次,而不是依据中国历史发展之本质的变革。换言之,只是依据历史之渐次性增减的进化观念,而不是依据于历史上划时代的飞跃性。

以往的历史家,为其自身的历史条件所限制,决定他们不能认识历史发展之辩证法的法则,这是我们应该原谅的。但一直到现在,当这种历史之变革的理论已经活生生地体现于我们之前的这个时代,而仍然有些所谓历史家,为了固守着资本主义世界的阵地,故意地去否认或曲解这种历史之变革的理论,企图去说明资本主义历史之永恒不被否定,这就是一种最无知的"卑鄙"。

我们知道,历史是一个往前发展的过程,因此纵然我们效忠于布尔乔亚的历史家之一群,领导着法西斯强盗的挺进队埋伏在历史前进的大道上,然而终于有一天,——而且是不远的一天——他们会在历史的飞跃过程中被粉碎的。因为忠顺的历史家只能保证他们自己的"奴性"不变,但是这种纯良的奴性绝不能改变历史。在任何一个历史时代中,除了那些得到时代恩惠的历史家以外,还存在着感受压迫的大众,他们在饥饿与贫困之中,由于身体中缺乏物质的营养,因而在他们的头脑中、感觉中也就没有像我们娇养在布尔乔亚花园的历史家有那样的"忠顺"和"无耻"的素养,他们会要从资本主义的历史时代中叛变出来,帮助历史来完成它的飞跃,这在历史上是屡见不鲜的事实。

我们必须说明历史的飞跃性这一点,然后才能说到历史之划阶段的问题,因为在连续发展的历史中,作为划阶段的指标的就是历史的飞跃。历史的飞跃,就是社会经济基础之质的突变之履行,也就是某一历史时代的本质,乃至其上层建筑,如政治、法律、哲学、艺术乃至宗教之全部的变革,它把前一时代的社会经济结构与后一时代的社会经济结构，完全变为两个异质的东西，——自然后者是从前者的基础上发展出来的一个更高的社会形态。由于历史不断地通过飞跃的过程，社会便不断地继续其向前的发展，而且形成各个不同质的发展阶段。由于这各个不同质的发展阶段，就构成社会形势发展史。

关于社会形势发展史，在一切文化的民族中，通过一个同一的历史发展法则而表现为相同的过程。——自然，由于不同的外在的原因，在形式上、在程度上多少要表现有些不同的外貌。关于这一点，马克思在其《经济学批判》"序言"中，曾经明白地指出，他说："大概说来，亚细亚的、古代的、封建的及近代布尔乔亚的生产方法，可以作为社会经济之相续发展的诸阶段。"马克思的这一结论，不是凭空幻想出来的，而是从无数民族的具体历史发展的事实中归纳出来的，而且这也就是阶级社会之全内容。阶级社会是由无阶级的原始氏族社会的基础上发展出来的；同样，在它们的发展了的基础上，又将转化为无阶级的社会主义社会。阶级社会否定了先阶级社会；社会主义社会又将而且已经部分地再否定阶级社会。历史便是在这种不断的飞跃中履行其划阶段的任务。

三 "历史的怀疑主义者"与中国的古史

关于中国历史之先阶级社会时代（氏族社会前及氏族社会时代），以往的历史家大概都根据一些神话传说，加入自己的幻想，假设一些帝王如"三皇"、"五帝"，把这一原始氏族社会描写成为所谓"王道盛世"。这样的假设，在中国历史学之历史发展中虽然也间有改变，但从周秦诸子以至司马迁一直到清代朴学（考据学）发展，下逮王国维等对甲骨文、金石文字之整理以前，大致上还是大同小异地流传着。尤其是汉代所出现的纬书，对于这一时代的历史之制造尽了很大的任务。自然，人类的历史无论在哪一民族，在其原始的氏族制时代，绝不会有什么"王",尤其不会有什么"王道盛世",而只是一些原始人蒙昧无知地在过渡其原始共产主义的生活。他们既不知道私有,自然也没有什么阶级,更不会存在着执行阶级剥削的"王"。然而以往中国的历史家,竟然把它描绘为一个"王道盛世"的时代,这显然地不是依据当时具体的历史事实,而是当时的历史家把自己所处的封建社会的经济基础上所反映出来的政治形态观念地去加于原始世界。换言之,他们的原始社会史不是原始社会史,而是当时历史家自身所生活于其中的封建社会史之向上伸延。

自从实验主义传播到中国以后,在历史科学上出现了胡适、钱玄同、顾颉刚等的"历史的怀疑主义"。胡适说:"以现在中国考古学的程度看来,我们对于东周以前的中国古史只可存一个怀疑的态度。至于'邃古'的哲学,更难凭信了。"胡适对中国古史之所以采取怀疑的态度,唯一的原因就是因为史料的缺乏。他说:"唐虞夏商的史实,今所根据止有一部《尚书》，但《尚书》是否可作史料正难决定。梅赜伪古文固不用说。即二十八篇之'真古文'，依我看来也没有信史的价值。……至于《易经》更不能作上古哲学史料……乃是一部卜筮之书，全无哲学史料可说。"因此，胡适"以为我们现在作哲学史，只可从老子孔子说起，用《诗经》作当日时势的参考资料。其余一切'无信不征'的材料一概阙疑。这个办法虽比不上别的史家的淹博，或可免'非愚即诬'的讥评了"[1]。胡适这种闭口不谈古史的小心态度，到顾颉刚便更为发展，他简直和那位以"疑古"自名的钱玄同打起"疑古"的招牌，窜进中国的古代社会，他在其所编的《古史辨》中，把胡适认为可疑的作为古史材料的"伪书"，都推翻得干干净净了。这样，如果有人还要谈中国古史，他们便会加你一个"非愚即诬"的现存的罪名，不过顾颉刚对于古史中的许多发明与发现，那还是值

---

[1] 胡适：《中国哲学史大纲》"导言"，第二三至二四页。

得我们钦佩的，比如他发明"禹是虫"，虽然他没有能再进一步指明这个"虫"就是一个民族的图腾，但这是由于实验主义的认识界限拘束着他对于这一历史时代的内容之理解，我们应该原谅的，反之，在其摧毁无稽的历史神话这一点上也是有其相当功绩的。

中国原始氏族社会的史料的缺乏，这是不可否认的事实，而且这不仅在中国为然，在世界其他任何文化的民族，在其历史之这一时代，对于用文字记录的书籍，遗留下来的都非常稀少。这个原因，就是因为在当时，甚至他们的文字尚没有形成，他们还不知道用文字来记录他们的生活，即或有极简略的记录，也因为在长期的历史时代中毁灭了，存留下来的当然不够说明当时的社会状况。所以如果把这一时代的史料完全从文字记录中去寻求，那就是一个绝大的错误。尤其在研究文字未发明以前的历史，我们除了从出土的实物和神话、传说及民俗学的知识去相互印证，便没有其他的方法，这是要请我们"历史的怀疑主义者"对于原始人予以原谅的。

"历史的怀疑主义",在中国历史科学的领域中曾经取得了一个短时间的支配作用。它影响到后来的一般新兴历史家不敢从封建社会再前进一步去研究先于封建社会的中国历史,而使得中国古史的研究停止在神话的阶段,这是中国历史科学向前发展的一个障碍。

首先接受这个影响的便是陶希圣,他说:"在一个科学的考古家看来,夏殷周的史实没有多少靠得住的。"[1]又说:"春秋以前的社会是什么?更没有确证去考察。把一切传说和附会用一个系统去整理论列,在现在并不是没有人做工夫,可惜托古的'重言'不能作事实的真相。离开那些断简残篇,又从那里去寻绎史料,所以我们可以说,现在是古史破坏的时期,建设翔实的古史却必待考证工夫完成以

---

[1] 陶希圣:《中国社会之史的分析》第四七页。

后。"[1]陶希圣这一段话简直就是胡适非难古史的复写，因而陶希圣的《中国社会之史的分析》也就只从春秋战国时代开始。不仅陶希圣在这一历史的怀疑主义支配与影响之下，还有许多历史家，他们都尽量地避免"非愚即诬"的讥评，而把他们对中国历史的研究固步自封于周秦以后。

然而原始氏族社会这一阶段，在中国历史上之曾经存在又是无可争辩的。至于这一时代的史料之不充分——但是不是完全没有研究的可能——固然是不可否认，但问题便是我们是否因为史料的不充分，而遂将中国历史之原始社会这一阶段摒诸中国历史研究领域之外，使中国历史成为一个"无头的公案"。我们以为研究任何民族的历史，只是截取其中的一段而不根究其历史的起源，这无论如何对于这一民族的历史是不能得到正确认识的。而况中国原始时代的历史，不是完全没有史料，只是史料的不充分，若是由于史

---

[1] 陶希圣：《中国社会之史的分析》，第四页。

料不充分，遂放弃可以作为研究中国古代史的一部分既有的资料置之不论之列，这不是一个忠实的历史家应有的态度。

关于中国原始社会的史料问题，我们就退一万步说，即令如胡适、陶希圣等所云，《易经》《尚书》都不可征，但除此外，尚有大批的出土实物和甲骨字片，难道这些实物上以及甲骨上的文字就不是史料吗？何况在原始社会，还存在着一个没有文字的时代，作为我们研究的史料，如果专靠文字就会成为不可能。

据我们所知道的，可以作为中国古史史料的中国古代社会的遗存之再现者，并不如陶希圣所云"在汉以前的古物没有保存"，"中国古代的建筑物都是用土制成的，挖开地皮去找也找不出很多古代的遗物来"[1]。反之，不但足以说明中国青铜器时代、新石器时代，并且也可以说明中国旧石器时代，乃

---

[1] 陶希圣:《中国社会之史的分析》第二三一页。

至解决中国人类之起源的问题。

第一，由于"北京猿人"的发现以及同时掘出的动物化石，就断定了中国这个地域，在新世纪初期或四五十万年以前就有了人类，虽然我们不能证明这种猿人与现代的中国人是否有血缘的关系，但与现代的中国人直接间接总有一种人类的和文化的关联，这是不可否定的。而且从"北京猿人"的旁边又掘出了石器和骨器，这又证明了这一时代居住在中国的人类已经开始进入旧石器时代了。假如我们不坚持我们的原始祖先是上帝七日七夜制造出来的，我们就应该承认这种"北京猿人"至少与我们的原始祖先有着相当的关系。

第二，在甘肃的庆阳县、陕西的油房头出土的旧石器，都与周口店旧石器文化有着近似的特征。此外在陕西北部西拉乌苏河，在鄂尔多斯西南的水河沟河岸，都发现了各种形式的、比较进步的旧石器。在新疆、内蒙古、东三省地方也都发现了旧石器。而且在水河沟还发现了动物的遗骨混杂在旧石器之内，证明了这一时代的人类之狩猎的生活。难道这些出土的实物都是"不足征信"的史料吗？假如我们不否认人类在其原始时代也必须经过旧石器时代，则我们就应该把这些出土的旧石器当做是当时人类社会生活之活生生的历史资料。

第三，在甘肃齐家掘出的石刀、石斧、尖骨和单色纹形的陶器，在河南仰韶村发现的石斧、石耨、石刀、半月形或长方形的石庖刀、石镞、石戈、石环、石杵、石纺车、骨簇、贝簇和角针以及有色陶器等[1]，在辽宁锦西县沙锅屯以及在山西西阴村所发现的与仰韶同一系统的石器、骨器和陶器[2]，难道这都是"不足征信"的史料吗？尤其在仰韶新石器的遗迹中发现了很多兽骨，其中有家畜之一的遗骨，这更可以推知当时已知道驯养家畜了。假如我们也承认中国历史上有一新石器时代，则我们对于

---

[1] 参看安特生：《甘肃考古记》。
[2] 参看《西阴村史前遗存》。

这些出土的新石器便不能否认它是原始氏族社会的遗存。

第四，由辛店发掘出来的骨锄、纺车、彩色陶器及铜器，由寺洼发掘出来的三足鬲、彩色陶器和铜器，由沙井发掘出来的贝玉、葬物、彩色陶器和铜器——特别是有翼的铜镞，这些出土的实物难道也是"不足征信"的史料吗？难道这也是"传说和附会"吗？我们以为，一个历史家只要不坐在家里闭户幻想，离开历史的本体去谈历史，而肯用力在实际上去研究，则这些史料的自身就会说明它们自身所代表的历史时代。

第五，近年来在河南安阳县西北小屯——殷墟，又发现了大批的石器、陶器、骨器、青铜器。在石器中，有长方形或正方形的石庖刀、石斧、石刀、石磬等；骨器中，有骨镞、骨笄及刻有花纹的象牙、牙匕和兽骨的装饰品；在陶器中，有白色陶器等；在铜器中，有铜刀、铜矛、铜镞及其他铜器或青铜的祭器和食器等。尤其在这里同时发现了很多龟甲和骨片。在龟甲和骨片上都炙刻着"象形文字",这些文字经王国维等的努力,部分地已被考据出来,都是殷代和其以前的社会生活的记录,如占畜牧、农业、战争等,从这些记录中,使中国古代的奴隶制社会活生生地再现出来。此外在河南浚县、在山东济南附近古潭口的城址,都发现了与殷墟同时的东西。[1] 又根据一九三〇年李桑的报告,新石器时代的遗迹在黄河北岸诸省,如陕西、甘肃、河南、河北、山东、热河、辽宁及内蒙古,共有七十多处。[2]

第六,此外由周代遗留下来的许多钟鼎、彝器,这些东西,除开在形式上与花纹上表现着与以上所说的石器时代的遗存有其一贯的发展的诸特征以外,而且都铭刻着比较进步的文字,记载着周代社会生活及其所反映出来的政治和意识形态。这些金

---

[1] 桥增吉:《东洋古代社会史》第七六页。
[2] 森谷克己:《中国社会经济史》第二二页。

石文自宋代直至清代，先后有欧阳修、吕大临、赵明诚、黄伯思、董逌、王俅、王厚之、张纶、钱坫、曹奎、吴荣光、刘喜海、吴式芬、吴大澂、刘心源、端方等，相续做着搜集与研究的工作。[1]近来王国维、邹安、容庚、陈宝琛等又各有新的考证。[2]假如不以人废言，罗振玉在考古学上也有不少的贡献。

　　以上这些自远古以至中古时代的中国历史遗存之再现，从旧石器、新石器以至铜器，它们自身在工艺上的发展就足以说明中国古代社会之发展的过程。而况还有当时人类自己所手刻的花纹与文字，

---

[1] 欧阳修：《集古录》，吕大临：《考古图》，赵明诚：《金石录》，黄伯思：《东观馀踚》，董逌：《广川书跋》，王俅：《啸堂集古录》，王厚之：《复斋钟鼎款识》，张纶：《绍兴内府古器评》，钱坫：《十六长乐堂吉金图》，曹奎：《怀米山房吉金图》，吴荣光：《筠清馆金文·昭陵复古录》，刘喜海：《长安获古篇·洛阳存古录》，吴式芬：《攗古录》，吴大澂：《恒轩所见所藏吉金录·窗斋集古录》，刘心源：《奇觚室吉金文述》，端方：《陶斋吉金录》。

[2] 王国维：《观堂集林·国朝金文著录表》，邹安：《周金文存》，容庚：《宝蕴楼彝器图录》，陈宝琛：《澂秋馆吉金图》。

明明白白记载着他们当时的社会关系与生产方法。难道这些古代的诸遗存都不是史料吗？难道真如胡适所云"唐虞夏商的史实，今所根据止有一部《尚书》"吗？难道"除《诗经》可以作当日时势的参考资料以外，其余一切，都是无信不征的材料"吗？难道把这些古代遗存用作研究当时历史的资料也是"非愚即诬"吗？难道如陶希圣所云"春秋战国以前的社会是什么？更无确证去考察"吗？或者"离开那些断简残篇"就"无从去寻绎史料"吗？难道从宋人以至最近考古学家千余年的"考证功夫"还不够陶希圣应用吗？

这些问题，假如历史材料自己会说话，它们一定可以作出一个圆满的答案。同时它们也一定愿意投效于这些缺乏史料的所谓历史家，让他们知道一些关于他们原始祖先的生活，让他们去知道中国的历史不是从周秦开始，中国的哲学不是从老子孔子发端。远在周秦几万年乃至几十万年以前，他们的祖先就在中国为生活而斗争着，而且为了生活也早己就在运用思想创造工具。不过与他们后来的子孙不同的，就是他们还不知道私有，而是共同生活于无阶级的原始共产主义社会中，因而作为他们意识形态的"哲学"，也不是阶级的哲学。

坦白地说来，所谓"史料缺乏"，所谓"无信不征"，这都不过是"历史怀疑主义者"用以拒绝研究中国古史的一种托词，更彻底地说，他们不愿意在中国历史的开端写上一个他们所不愿意的无阶级的"原始共产主义社会"。所以一切历史怀疑主义者的中国历史，都是从阶级社会开始，大多数从春秋战国中国封建社会开始，即或勉强提前，也不能冲破阶级社会的界线，像陶希圣一样，提前到殷代的历史。但陶希圣的殷代史，又无力运用殷代的遗存，而只是依据其自己头脑中的幻想，或是他自己认为"不大靠得住的史实"，依然套上一件封建主义的外衣，即他所谓"原始封建制"。因而所谓"疑古"的秘密内容，我们便完全明白了。

首先把中国历史的研究冲破"历史的怀疑主

义"的迷魂阵的,是郭沫若的《中国古代社会研究》。郭沫若对于中国古代社会的研究,除了根据胡适认为可信的《诗经》以外,他还大胆地应用了胡适认为"无哲学史料可说"的"卜筮之书","没有信史价值"的《尚书》,以及胡适无力应用的甲骨金石文字。他把中国历史研究提前到殷代,并承认中国也有一个奴隶制度的历史时代存在。但郭沫若认为殷代还是氏族制度,那也是一个重大的错误,尤其他没有把材料归纳到中国古代社会整个发展的阶段之中,而陷于以历史去说明材料,而有所谓"周易时代"、"诗书时代"……不能把古代社会之活的内容具体地实现。对于历史上诸时代的特征也有不少颠倒错误的地方,给予中国古史研究以不正确的影响,这是应该指明的。

以后,吕振羽应用旧石器、新石器时代的出土实物,配合着民俗学的知识,以之与陶希圣所谓"托古重言"的神话传说相互印证,写出其《史前期中国社会研究》。吕振羽的这一大胆的尝试,不管其正确性达到何种程度，但把中国历史研究的领域突破了"阶级社会"的界限，从殷代再提前到先阶级的原始时代，因而把"历史怀疑主义者"在中国历史上所设定的封锁线也彻底毁灭了。在这一点上，吕振羽对于在中国先阶级社会史的研究上，是尽了一个开辟的任务。但吕振羽对民俗学的应用也还欠充分，尤其对中国境内现存各落后民族现实生活诸特征及其遗留没有应用起来，这是一个最大的缺点。因而他依旧没有能把中国的原始社会具体的活的内容复现出来。

最近日本的历史家佐野袈裟美在其所著《中国历史读本》中，更进一步提出"中国人类的起源问题"，因而也就是把中国历史研究的领域提前到中国历史的出发点。他批判了法国的格奈斯（Joseph Guignes）中国人起源于埃及的一个殖民地，拉克丕里（Terrien de Lacouperie）中国人起源于巴比伦，列格（James Legge）中国人起源于希伯来，李赫特霍芬（F. V. Richtnofen）中国人起源于土耳其斯坦，以及保尔（C. J. Ball）、摩卡布（F. Mocobe）、奥斯本（H. F. Osborn）等人的中国人起源于中亚细亚诸说的不正确。他也反对威杰尔（Wicger）的中国人起源的缅甸说，以及《中国古代》的著者希尔特（F. Hirth）的中国人起源的"不可知说"。他尤其反对布尔乔亚学者观念地把人类原始祖先分为高等与下等的多元说。他根据"北京猿人"以之与中国原始社会出土的文化联系起来，而作出如次的结论，即"这种'北京猿人'究竟和今日的中国人种有没有一种血缘的关系，现在还没有方法知道，但是我们也不能否认这种人类和今日的中国人间直接间接总有一种人类的和文化的联系的"[1]。虽然佐野袈裟美这个结论也没有肯定中国人究竟起源于甚么地方，但他说明了，"被认为是最初的人类，于数十万年前（百万年或四五十万年前）就已生存在中国的地面上这件事实"[2]。尤其他把作为中国历史出发点

---

[1][2] 佐野袈裟美：《中国历史读本》第二五页。

的人类起源这一问题提在中国历史研究的课程上，是值得指出的。

由于古代遗存之继续不断的出现，提供中国古史以不少的材料，虽然这些材料还不够说明中国原始氏族社会，但若以之与中国的神话传说相互印证，再加以民俗学、人类学、语言学诸方面之配合的研究，则至少可以证实这一历史时代在中国历史上之已经存在，并显示了这历史时代的社会经济之大概的内容。尤其使中国历史研究不再局限于封建制社会的范围之内，而开始上溯到历史的出发点，从而标明了中国历史也和世界其他各文化民族的历史一样，有其一系列之发展诸阶段。

四 对中国历史形势发展之各种不同的见解及其批判

中国的历史自有文字记载的时代起，已经有五千多年了。在这五千多年中，社会经济的基础，我们不能说完全没有经过"质的变化",如以往的历史家所认识的一样,中国历史从开始到现在都是建基于封建主义的经济基础之上而丝毫没有变更过,它既不是由其先行的历史阶段发展而来,又不曾转化为较高的历史阶段。恰恰相反,我们根据人类历史发展的一般法则,根据中国具体的历史事实,中国历史也和世界其他文化民族的历史一样,经过了一系列之发展诸阶段。

(一)胡适、顾颉刚等的见解及其批判

关于这一点,实验主义者胡适、顾颉刚等是闭口不谈的。他们一直到现在还坚持着中国历史从远古到现在还没有"质的变化",只有时间的推移。所以胡适对于中国历史的划分也就只是以时间前后为准则而分为"古代"、"中世"、"近世"。而他所谓古代又是春秋以前除外的古代,所谓中世是自汉至北宋,所谓近世是唐以后。很明白地,胡适这样的划分就是暗示着中国历史只存在着一个封建社会的时代。顾颉刚与其说他是一个历史家,不如说他是一个考据家,他搜集了不少的古史资料并批判了这些资料,但他始终没有力量写成一部中国的古史,而结果只是编辑了一部断烂朝报的《古史辨》。他不但对中国历史发展的一贯行程,和乃师胡适一样没有明确的认识,就是对于他自认为精通的中国古史的认识也非常模糊。不过,他在中国古史这一笼统的题目之下作了一些旧神话的新解释,这对于中国古史的研究也不是完全没有帮助的。但可惜的,他既不相信神话传说,而又拒绝研究甲骨金石文字,拒绝对出土的古代遗存之考证,因而使得他对古史研究的刻苦努力,也只能把旧神话变成新神话而已。

(二)陶希圣的见解及其批判

　　陶希圣对中国历史的划分是随时变更的,而且往往自相矛盾的。如他有时说,中国历史自始至终都是封建制,有时又说,中国没有封建制。其所以随时变更的原因,据他自己申明[1],是"弃公式而取材料"。不错,有了新的材料,是可以放弃旧的不正确的意见;但我们很钦佩陶希圣不为公式所拘束,但我们也同时希望他不为材料所玩弄,甚至被材料所包围而无法脱身,终于被材料所埋葬。现在我们把陶希圣的各种划分法,写在下面。

关于春秋以前的中国社会,他有如下的各种说法:1. 周以前的社会不是封建社会[2];2. 西周时代中国已建立"原始封建国家"[3];3. 中国在黄帝时代便成立了"初期封建国家"[4];4. 商以前是氏族社

---

[1] 陶希圣:《中国社会史论战》第三辑,第二页。

[2] "春秋以前,中国有许多封建诸侯,但周以前,又不能说是封建社会。"——《中国社会之史的分析》第二五页。

[3] "例如传说中的西周时代种种征象,和季伦以前的雅典,及沙威尔斯吐鲁斯以前的罗马相似,这可以说是'原始封建国家的类型'。"——《中国社会之史的分析》"绪言"第七页。

[4] "氏族的战争,如传说上黄帝与蚩尤、炎帝与共工氏间的战争,使氏族征服他氏族,便成立了初期封建国家。"——《中国社会与中国革命》第一九五至一九六页。

会[1]；5.西周时代是氏族社会末期[2]。

关于春秋战国时代，陶希圣也有各种不同的说法：1.有时说春秋战国时代中国封建制度已经结束了；有时说旧封建制度已经破坏[3]，"封建制度在春秋时已经崩溃"[4]；2.但似乎还有个什么新封建制度[5]。

由秦汉至现在，陶希圣有时说："中国社会，自战国到最近，是不变质的封建社会。"[6]同时又说："秦汉以后的中国还是在前资本主义时期。"[7]依前

---

[1] "商族继承新石器时代氏族社会的超自然主义。"——《中国政治思想史》第一五页。
[2] "西周时代是氏族社会末期。"——《中国社会史论战》（第三辑）"中国社会形势发展过程的新估定"。
[3] "春秋战国时代，是中国社会的一个关键，中国社会在这时候结束了封建制度。"——《中国社会之史的分析》"绪言"第四页。
[4] 同上，第三三七页。
[5] "春秋战国时代，旧封建制度，已经破坏。"——同上，第六页。
[6] 同上，第七页。
[7] 同上，第六页。

一说,则他认为中国社会由战国到清末,是一个封建社会;依后一说,则秦汉以后的中国是前资本主义社会。而且这两种对立的见解都表现在同一著作中。这不是秦汉以后的中国社会令人"惶惑",而是陶希圣的同一书中有两种主张令人"惶惑"。

一九三二年的九月,陶希圣对于中国社会史的阶段划分又改变了。他在其《中国社会形势发展过程的新估定》一文中,把中国社会发展形势重新划分为四个阶段:"(一)西周时代,是氏族社会的末期;(二)由战国到后汉,是奴隶社会;(三)由三国到唐末五代,是封建庄园时期;(四)宋以后是先资本主义社会。"

到一九三四年十月陶希圣的见解又变了。他分中国发展为:"(一)神权时代(商代);(二)贵族统治时代(西周至春秋时代);(三)王权时代(战国至清末);(四)民主革命时代(清末以后)。"[1]

---

[1]《中国政治思想史》。

在这一次的划分中,主要的是用"神权时代"代替了他的"氏族社会",用"贵族统治时代"代替了奴隶社会,用"王权时代"包括了他的"封建庄园时期"和"先资本主义社会",而且在以后还多添了一个"民主革命时代"。

到一九三五年八月,在陶希圣的《中国政治思想史》还没有完成的时候,他的见解又变了。他索性把中国历史分为三段,回复到胡适的划分法:(一)古代社会(纪元前五世纪—后三世纪);(二)中世纪社会(三世纪—五世纪);(三)近世社会(十世纪—十九世纪中叶)。[1]这一个划分的特点:第一,他所指的古代社会,是春秋时代以前除外的古代社会;第二,他把他所指的封建时代换了"中世社会";第三,他用"近世社会"代替了他所谓的"前资本主义社会"。

总括陶希圣对于中国社会史的见解,经过了无

---

[1]《战国至清末社会史略》,《食货》卷二,第十一期。

数的改变，这种改变不仅表现在其不同的著作中，而且即在同一著作中也常常有前后自相矛盾的地方，约而言之，可以分为如下的几个阶段：

（一）中国没有氏族社会，中国历史一开始就是封建制，一直到最近还是封建制。

（二）中国在黄帝征服蚩尤以前是氏族制，以后就直接转入封建制，封建制到秦以后就破灭了。以后中国社会是"前资本主义社会"或"商业资本主义社会"。

（三）氏族制向下移动至商代，还是氏族制。而且承认在氏族制之后有一个奴隶社会，不过奴隶社会是在后汉。因而封建制度不能不移至三国到五代，从而"先资本主义社会"便随着顺延到宋代以后。

（四）中国历史，在经济基础上没有变更了，变更的只是政治形态，从"神权"到"贵族统治"，从"贵族统治"到"王权"，再从"王权"到"民主革命时代"。

（五）政治形态的变更也没有了，变更的只是时间上的推移，由"古代"、"中世"到"近世"。陶希圣的历史划分，如果再往下变，只有恢复"断代为史"的古典方法了。

关于陶希圣对中国社会史的诸见解，要一一加以批判，不但没有那样多的篇幅，而且也没有那样有闲的时间，有许多他自己无形之中已经取消了的见解，比如他说，中国社会自有史以来就是封建国家，由"原始的封建国家"、"初期的封建国家"，到"后期的封建国家"，一直"封建到底"这种见解，在现在陶希圣的新著作中，虽然并没有坦白申明他自己过去见解的错误，但已经无形地自己取消了。

在陶希圣的历史中，作为唯一无二的主题，而且占领中国历史全时代的"封建制度"，现在已经断头刖足而缩短得仅只占领西周一个朝代了。在封建制度之前，他发现了氏族制度，在封建制度之后——后汉，他又发现了奴隶制度，尤其是"先资本主义社会"的奇迹。因此陶希圣对中国社会史的见解，在现在值得我们研讨的，倒不是他那个亘古不变的封建制度，而是他所谓氏族制以及后于封建制度的奴隶制，和其所谓"先资本主义社会"这几点。

第一，关于氏族制，他在原则上否认中国有母系氏族社会之存在，这一点虽然是他以前的见解，但到现在并没有看见他有所改变。他说："人类学者，多主张父系父权父治的氏族以前还有母系母权母治的氏族，中国的学者也多附会其说，以为原始时代'世系相传，以女为男'。他们（指梁启超、刘师培）[1]所举的证据都是不可靠的证据。而这些不可靠的证据，可不能证明中国古代有母系母权母治氏族之存在于宗法之前（陶汇曾亲族法）[2]。所以我们只可说，中国自有历史的传说，便有父系父权父治的氏族。"[3]但是他在借口于材料之不可靠，否定了中国有母系氏族存在之后，自己却并没有提出可靠的

---

[1][2] 括号内的文字，属本书作者引者注。——编者注
[3]《中国社会之史的分析》第一九五页。

材料证实中国自始就是父系氏族制。恰恰相反，他所指的历史传说,关于古代神话中的帝王,都是"知有母而不知有父"。假如陶希圣看过莫尔根的《古代社会》，则应该知道："家系以女系为本位，是属于上古的东西，并且它较诸以男系为本位，更适于初期社会状态。""最主要的原因，是因为氏族的出现之当时，并不曾知道一夫一妻的婚姻制度，所以男性方面的系统，其根源无从确定。血族之联系，概以母方系统为主。因此，古代氏族之家系，只限于女性为本位。"如果历史的发展不是多元的，则莫尔根的这种见解还是可以适用于中国。此外在陶希圣的氏族社会中，出现了"王"和"卿大夫"以及"庶人"这种封建的等级。他说，所以"僧侣有支配王及卿大夫的特殊地位"，这也是任何氏族社会没有的奇迹。总之，陶希圣的氏族社会，是氏族的招牌，封建的内容。

第二，关于把奴隶社会放在西汉时代，这也是陶希圣一个独到的见解。不仅如此，他以为中国社会存在"士族平民及奴隶的等级,直到唐代构成中国社会的中古时期"。其实我以为陶希圣还可以把奴隶制再拖后一点,直至今日的阿美利加,奴隶劳动还是存在。但是我们为什么不叫阿美利加的社会做奴隶社会呢?这就是陶希圣应该注意的一点,因不是只要看见有奴隶的存在便是奴隶社会,只有当奴隶在社会经济的生产上演着主导的作用的时候才是奴隶社会。陶希圣迷惑于现象,专门玩弄形式,因而看不出在社会经济上谁是支配的东西,所以才有这样的谬论。

第三,关于"先资本主义",陶希圣曾举出了几个特征。其实他指出的特征,都是封建社会末期的现象,如他所指出的宋代的农民之受地主的压榨,而变为一无所有的"田佣"、"佣工"、"佣仆",这正是封建剥削必然的结果。其次,耕地之分散,如他所指出的,宋代,平均每一农家,以耕地十亩为多,然而总是在地主的手中。又地租之提高如宋代地租回复两汉之旧,居全生产物百分之十,更是封建剥削的特征。至于工商业的发展,即使发展到"行会以外颇有独立的大工商业"的存在，然而仍然是封建末期的必然现象。此外"货币地租的采行"也不是资本主义所特有的；反之，在封建社会末期都普遍地存在着。总而言之，他所指出的一切特征，都不能构成一个相异于封建社会本质的另外一个什么社会，因而所谓"先资本主义社会"，也就不能是在事实上存在过的社会。

概观陶希圣所有的历史理论，我们真是"叹观止矣"，他既善于自相矛盾，又勇于知过即改；同时也能极尽杜撰、歪曲、牵强附会之能事。因此，李季讥之为"昏头昏脑"，"缺乏常识"，何干之讥之为"轻视方法论的结果"。我以为这样的讥评也许过于尖锐，其实陶希圣的头脑虽不清楚，但对于政治的感觉却非常敏锐，常识虽不充分，但歪曲力却足够应用，尤其他并不轻视方法论；相反地，他最善于运用"归纳法"和"演绎法"。而其所以如此多变的原因，主要的还是他的理论要适应他的政治环境，他的政治环境决定他的历史理论。在以往，他之所以主张中国自有史以来就是封建,一直封建到他自己生活着的现在,这是因为他一方面,企图取消原始共产主义在中国历史上之存在,另一方面,他以为从封建制不能直接跃入社会主义社会,所以尽量地把封建制往后拖,拖到拖不动的时候,再拿出资本主义来挡塞社会主义革命。以后,他知道这个方法也有危险性,因为封建制社会中也存在着地主农民的阶级对立,所以他又修改为"超阶级的士大夫社会"。这样中国不但没有阶级斗争,也没有阶级了。最近他看见中国的买办布尔乔亚抬头,为了逢迎买办布尔乔亚起见,于是他又不能不改变他的见解,替买办布尔乔亚找出历史的根据,所以"士大夫阶级社会"便一变而为"先资本主义社会"或"商业资本主义社会","士大夫"让位于买办布尔乔亚了。这就是陶希圣的历史见解,不断变迁之一贯的原因。

(三)李季的见解及其批判

李季把中国经济时期划分为五个阶段:

（一）自唐虞至虞末为原始共产主义的生产方法时代；

（二）自夏至殷末为亚细亚的生产方法时代；

（三）自周至周末为封建的生产方法时代；

（四）自秦至"鸦片战争"为前资本主义的生产方法时代；

（五）自"鸦片战争"至现在为资本主义时代。[1]

李季对中国经济时期的划分，首先申明是以"生产方法为标准"[2]。不用说，他是认为在中国社会经济的发展过程中存在着这五种生产方法支配的时代，即氏族制的、亚细亚的、封建的、前资本主义的及资本主义的生产方法，是构成中国社会发展的相续诸阶段。在这里，我们丢开这几种生产方法在中国历史上出现的时间问题，因为这不属于历史哲学的范畴；我们只是以"生产方法的标准"讨论

---

[1]《中国社会史论战批判》第一七至一八页。

[2] 同上，第一七页。

这五个生产方法的本身，以及其相续性的问题。

第一，李季把原始共产主义的生产方法与封建的生产方法之间插入一个"亚细亚的生产方法"，这显然是对于马克思"古代的、亚细亚的、封建的……"这个公式之误解。因而他把作为奴隶制的"古代的"生产方法当做是原始共产主义的生产方法；同时他又不知道所谓"亚细亚的"是指"希腊罗马而外的其他国家的奴隶制的变种"，不是相续于"古代的"而是与"古代的"相并的一种生产方法。"古代的"与"亚细亚的"不是两种异质的生产方法，而是一种生产方法之在外表上的两种不同的形式。李季误解了这一点，因而他才把"古代的生产方法"当做是原始共产主义的生产方法，从而把"亚细亚的生产方法"当做是相续于"原始共产主义的生产方法"。

第二，关于"自周至周末为封建的生产方法时代"这一问题，很显然地他是为了要把自秦至"鸦片战争"这一时代，划入他所谓前资本主义的生产方法，而不能不缩短中国封建制的时期。他之所以要在中国历史上安插这一"前资本主义时期"，其目的就是为了要说明"自鸦片战争至现在为资本主义时代"。关于周以后中国的封建生产方法是否已经不存在，以及中国现在是否是资本主义社会，这有中国的具体历史去说明，我们暂时不说。我们要提出讨论的，是封建的生产方法与资本主义的生产方法之间，是否还存在着一个"前资本主义的生产方法"。照我们所知道的，所谓"前资本主义的生产方法"不是一个什么独特的历史阶段，而只是资本主义以前各种生产方法的一个综合的名词。诚如李季自己所云："含有以前各种生产方法的残余。"[1] 然而他却要说这是一个独特的生产方法。但他所指出的作为这个生产方法的特征（参看同书九十一页）没有一点不是封建的生产方法的特征，有些是封建生产方法固有的特征，如"小农业与家庭工业

---

[1]《中国社会史论战》第九〇页。

的直接结合","地主阶级和其他阶层的存在"。有些是封建社会后半期的现象,如"高利贷资本和商人资本很占优势","商业宰制工业","独立生产者——手艺工人的存在","农工的破产流为贫民和生产工具的集中";至于"向来各种生产方法残余的存在",这是一切社会构成中共通的现象,决定一个社会的生产方法的不是这些残余的生产方法,而是作为支配势力的主导的生产方法。李季在这里只是说到在这一历史时代存在着各种生产方法的残余,但并没有指出一种主导的生产方法,因而前资本主义就不能构成一个独特的社会阶段。李季到处引经据典,但对于马克思所说的"想知道商业分解旧的生产方法到何等程度,必须先知道旧的生产方法的坚实性和其内部的结构"一语,没有注意。自然商业资本对封建社会可以起分解作用,但只能分解,而不能在封建社会的基础之上建立起其自己的社会。同时,中国现在是否是资本主义社会,这是需要事实来说明,但即使中国现阶段是资本主义社会，也只有从封建社会中才能孕育出来，关于这一点，世界史的具体事实已经充分地说明了，因而李季把资本主义之前再加上一个他所谓"过渡时期的生产方法"，这一方面在方法论上犯着重大的错误，另一方面又否定了世界史之具体的历史事实。

（四）郭沫若的见解及其批判

郭沫若对"中国社会的历史发展阶段"的划分分为四个时期：（一）西周以前，原始共产制；（二）西周时代，奴隶制；（三）春秋以后，封建制；（四）最近百年，资本制。[1]但郭沫若在同书的另一个地方，在其解释马克思《经济学批判》"绪言"中的关于社会形势发展史的公式时，又这样说过："他——（指马克思）这儿所说的'亚细亚的'是指古代的原始共产主义社会，'古典的'是指希腊罗马的奴隶制，'封建的'是指欧洲的经济上的行

---

[1]《中国古代社会研究》第二三页。

帮制，政治表现上的封建诸侯，'近世布尔乔亚的'那不用说就是现在的资本制度了。"[1]接着郭沫若又把这一公式原封原样地套在中国历史上，他说："这样的进化的阶段，在中国历史上也是很正确地存在过的，大抵在西周以前，就是所谓'亚细亚的'原始共产社会，西周是与希腊罗马的奴隶时代相当，东周以后，特别是秦以后，才真正地进入了封建时代。"[2]郭沫若对中国历史发展阶段的划分陷入公式主义的泥沼，这是很显然的。而其所以陷于这种错误，主要的还是由于他对"亚细亚的"这一名词的含义未能彻底地理解，因而把"亚细亚的"与"古代希腊罗马的奴隶制"看做是两个相续的历史阶段，从而和李季一样，误认"亚细亚的"为"原始共产社会"。自然，在他看来，"古代的"便是相续于"亚细亚的"一个更高的历史阶段。这一错误，致使郭沫若的《中国古代社会研究》在方法论上陷于全盘

---

[1][2]《中国古代社会研究》第一七六页。

的错误。并且由于他把西周时代当做是相当于希腊罗马奴隶制的时代,因而把中国历史上之真正奴隶制时代的商代,反而划入他所谓"亚细亚的"生产方法时代,这对于中国具体的历史事实又是一个歪曲。同时,因为把"奴隶制"与"亚细亚的"分成两个东西,因而在其描写中国奴隶制时代的历史时,便完全忽略"奴隶制"之东方的特殊性,即忽略了中国的奴隶制是希腊罗马的奴隶制而外的一种"奴隶制的变种",从而对于中国奴隶制便不免有些过分的夸大。此外郭沫若认定中国最近百年是资本制,这一点也未免受着公式主义的影响。中国最近百年是否是资本制,这有具体的历史事实自己去说明。在这里我们要指出的,就是关于这一点,郭沫若没有指出作为资本制之经济的特征,而只是从上层的政治形态上去观察,以致陷于形式主义的泥沼,如他由一八五二年的"洪杨革命",一九一一年的革命,以及"黄色的大龙旗不能不变成五条颜色的外国式的旗帜,皇帝变成了大总统,参议院众议院也就成立起来，数千年的老大帝国，也就一变而为最新式的民主立宪国家"等等，据此他便认为"资本制革命的形式总算是具备了"。固然他也曾指出"发现了蒸汽机关的'洋鬼子'终竟跑来了……首先与资本势力接近的南方，也就不能不早受传染"，但仅仅指出这一点，即确定中国最近百年为资本制是不够的。相反地，这正是表现外国资本制侵入中国，使中国经济由封建制转入资本制这一转化成为不可能，而走上殖民地化的过程，这是很明显的。

（五）吕振羽的见解及其批判

吕振羽对"中国社会形势的发展"，划分为以下的六个时期：

（一）传说中之"尧舜禹"的时代，为中国女性中心的氏族社会时代；

（二）传说中之"启"的时代，为中国史由女系本位转入男系本位的时代；

（三）殷代为中国史的奴隶社会的时代；

（四）周代为中国史的初期封建社会时代；

（五）由秦代到"鸦片战争"前这一阶段，为变种的封建社会时代；

（六）由"鸦片战争"到现在，为半殖民地半封建社会时代。[1]

对于吕振羽这样的划分，在大体上我是同意的，不过有几点，也是值得提出讨论的。

第一，关于由母系氏族到父系氏族这一历史的转化，在氏族社会的发展上引起了很大的作用。关于这一点，吕振羽说："古代阶级关系还不曾存在的社会中，基于物质条件的发展而引起的变革的结果，不是阶级剥削关系的转变，而常常归结为血统的家系关系的转变。"[2]

很显然地吕振羽是把从母系到父系氏族的这一转变，当做是与阶级社会内之阶级剥削关系的转变

---

[1] 吕振羽：《史前期中国社会研究》。
[2] 同上，第一九五页。

一样的一种社会之"质的突变"。但依据莫尔根的说法,"氏族由甲形态到乙形态,其经过情形颇为简单,氏族并不陷于覆亡的境地。……氏族之家系虽变更为男系的本位,但氏族的组织依旧为社会制度的单位"。所以这一历史的转化,虽然是由氏族社会基础上之生产力与生产关系之发展所引起的结果,但变更的只是形式,并不是本质。在本质上,无论母系与父系的氏族制,都还是建筑在原始共产主义的经济基础之上。因此,这一历史的转化,也就只是氏族制内部之部分的变质,而不是如吕振羽所指出的家族关系的转变,等于阶级剥削关系的转变。

第二,关于奴隶所有者社会在中国历史上之时期的问题,吕振羽肯定是殷代,关于这一点,我同意吕振羽的见解。

第三,关于封建制,吕振羽划分为初期的封建制与变种的封建制,以后他在其《殷周时代的中国社会》及在一九三六年出版的《中国政治思想史》

中又把"变种的封建制"改称为"专制的封建主义",而且又从其意识形态之表现上,给予中国封建制以详尽的说明。不过在他说明中国封建制的两个阶段的发生发展与转化,虽然指出中国封建制在长时间发展中之部分变质的秘密,打破中国封建停滞的误解,但也和苏联鲍勒呵夫对中国封建制度的"六期说"一样,陷于同一的公式,即始终在封建制的各期中反复着几个类似的规律,虽然他对于每一期中都给予以比较发展的形态,但每一期都包含着发展、繁荣、衰落……这种循环的公式,这多少是带着一点形式化的危险。吕振羽虽然也指出各个反复时期的内在矛盾,虽然也没有忽略中国封建制中各时代划分的标志是农民战争,虽然他曾指出封建社会经济之发展性,如由领主经济转化为地主经济,由地主经济再转化为小所有者及自由商人经济,但对于各期都以一个经济危机为背景而展开农民暴动,再由地主阶级之妥协而转入安定时期,复由某一新兴阶段之发展而转入繁荣时期,则是采取同一的公式。

然而真正活的历史,其发展的规律,绝不会采取这样一个同一的路程。

(六)佐野袈裟美的见解及其批判

日本的历史家佐野袈裟美在其所著《中国历史读本》上,把中国历史形势发展划分为以下的六个阶段:

(一)氏族制以前的社会——殷以前;

(二)氏族制社会——殷代;

(三)亚细亚生产方法时代——西周到春秋;

(四)周代奴隶制——春秋到秦;

(五)官僚的中央集权的封建制——秦到明;

(六)中国民族资本主义时代——"鸦片战争"以后。

佐野对中国社会形势发展的阶段之划分,关于殷代以前的中国社会似乎采取吕振羽一部分的意见;关于殷周时代的中国社会,在原则上又大体采取了郭沫若的意见;同时,又受了柯瓦列夫等人关于"亚细亚的生产方法"的见解的影响。我们认为佐野最大的矛盾,便是他一方面接受柯瓦列夫和雷哈特等人确认"亚细亚的"社会,即意味着希腊罗马而外之奴隶制社会的见解,而同时又重床叠被地在"亚细亚的"社会之后,才加上一个"周代的奴隶制"。自然,也许他所指的"周代的奴隶制"是发展了的奴隶制,或是近似于希腊罗马的奴隶制;但我以为在同一经济基础上绝不能建立两种异质的社会。而况佐野对西周及战国时代,只用一些表现奴隶制残余的材料去完满其自己的说明;对于另一方面,即作为向封建制转化方面的材料则完全没有提及。因为他把奴隶制往后拖,所以在有些材料的解释上也就未免牵强附会,例如把"庶人"、"庶民"都解作奴隶,把彝器中与"人鬲"并见的"夫"也解作与"人鬲"同性质的奴隶,即其一例。

他基于秦汉已有现物地租之行使,因而认为秦汉是中国封建制的成立期;同时,却又把劳动地租看做是奴隶制时代的一种特征,因而把西周所表现的劳动地租不认为是地租，而认为是奴隶主人所得的奴隶劳动，这是一个很大的歪曲。

其次，他对于由秦至"鸦片战争"这一长时之中国封建社会没有透彻的认识，所以在他看来，在这一期间中，中国封建制仿佛没有什么发展，而只是在同一经济基础上循环。其实作为社会存在之各种因素的东西，都以不断的部分的变质发展着。尤其他对于中国社会的发展过程中外在的矛盾诸关系，如外族的侵入及汉、唐、明时代之向外发展等，以及地理条件给予中国社会发展的影响，完全没有提到，因而他对于中国封建社会不能把握其活的历史的具体内容。

此外佐野在方法论上还犯了一个严重的错误，即关于中国地主阶级借外力压平内乱的历史事实都很少指明出来。尤其在论及中国近百年史中，关于一九一五年日本帝国主义向袁世凯所提出的"二十一条"，他没有明白地指出，承认的不是当时的中国的政府或人民而是袁世凯个人，反而说："对此中国政府也不容易予以承诺,交涉全陷于苦闷的状态。在这里,直至日本政府发出五月七日最后的通牒,延至五月二十五日才被解决。"[1]在这里,佐野又无异成了日本帝国主义的代言人了。

(七)留下来的几个问题与我的见解

总结以上各家对中国史划分的见解,留下来的问题,还是:(一)中国是否存在过亚细亚的生产方法时代?(二)中国有没有奴隶社会?(三)中国封建社会长期停滞的原因是什么?(四)中国现阶段的社会性,是资本主义还是半封建半殖民地?

关于(一)(二)两个问题,我在前面已经解答过了,这里不再重复。

关于第三个问题,即中国封建社会长期停滞的原因是什么,我的回答是:中国封建社会并不是停滞在同一水平上,而是经常不断地在发展中。不过

---

[1]《中国近百年史》第二三六页。

发展的速度，比之欧西较为缓慢。关于这一问题，一九三三年苏联"国立物质文化史研究所"在其讨论封建制度的发生与发展问题的大会上，鲍勒呵夫对于"中国封建制度史的规律性"曾经提出一个报告。他把中国封建社会划为六个发展阶段。第一个阶段，从纪元前十二世纪到前五世纪；第二个阶段，从纪元前四世纪到四世纪；第三个阶段，从五世纪到九世纪；第四个阶段，从九世纪到十二世纪；第五个阶段，从十二世纪二十年代到十七世纪中叶；第六个阶段，从十七世纪中叶到二十世纪初叶。他以为从一个阶段到另一个阶段都是封建主义之进一步的发展，同时，他又指出由于中国封建制社会未曾经过西欧封建制所经过的三种地租形态——劳动地租、现物地租及货币地租，其中之货币地租，这又是中国封建制社会始终反复着几个类似的规律性的原因。我以为鲍勒呵夫的见解是有其部分之正确性的，可惜他以为中国封建时代没有存在过货币地租，是一个大大的错误。更可惜的，是他没有充分地指出由于外在的矛盾——即落后民族的侵入——而引起的中国封建制经济之不断的逆转，同时对于中国封建制之"部分的变质"，如由封建贵族经济向地主经济之转化，由地主经济向小土地所有者及自由商人经济之转化的这些过程，因而对于中国封建制社会仍然不能指出其发展之一贯的行程。因此，只要历史家不为政治的形态所迷惑，而能深入到这一时代的社会经济的本质去研究，则这一中国封建制社会是否是如李季所云"历时二千零八十六年，虽朝代更易在二十以上，然这样生产（封建的生产）始终没有变化"，自然会明白的。

最后，关于中国现阶段——"鸦片战争"到现在——的社会性问题。如李季、郭沫若等认为是资本主义社会，吕振羽等认为是半封建半殖民地社会，此外如马札亚尔一派则认为，中国一直到现在还是在"亚细亚的"生产方法向着资本主义的生产方法的转化过程中，还有陶希圣等则以政治为准则而划中国现阶段为民主革命时代。

关于马札亚尔的见解，他自己已经申明放弃，不再批判。关于陶希圣的民主革命时代，这显然是说中国从"鸦片战争"以后，正是布尔乔亚履行革命的时期。换言之，也就是封建制向资本主义转化的时期，这与李季的见解颇为接近。不过李季说中国现在已经是资本主义社会，而陶希圣则说中国现在还正在向资本主义转化中。因此，对于中国现阶段社会性的认识，可以说有两种见解，即一种是认为中国现阶段是资本主义社会或向资本主义社会转化；另一种是认为中国现阶段是半封建半殖民地社会。

正确地认识中国现阶段的社会性，这对于我们现在正在实践中的伟大的民族解放战争是一个必要的政治任务。因为我们为了争取这一历史的胜利，就必须要顺应我们历史发展的"必然的倾向"，作为我们战争的最高指导原理。只有在顺应我们历史发展的情势之下，我们主观的努力才不是白费气力，否则主观的努力与客观的发展背道而驰，则结果会使得我们在抗战过程中遭遇许多不必要的艰难。

要解决中国现阶段社会性问题，我们以为不能从形式上去探讨，如从"轮船"与"民船"的数量的比较上，或是"龙旗"与"五色旗"、"皇帝"与"大总统"的分别上去判别，而必须要从作为中国现阶段的社会经济基础的生产方法以及剥削关系上去探求。

中国的布尔乔亚，在明末清初，即"鸦片战争"以前，已经走到了履行其阶级任务的历史行程中，如工场手工业已经发生，城市行会的产生已取得封建村落的家庭工业而代之，为较大的销路而生产，甚至为较远的市场而生产，随着城市之鲜花怒放，渐次芟除了中世纪的草昧，展开初期布尔乔亚社会的雏形。但是当他们正在开始其向资本主义转化的过程中，却遭受了外国资本主义强力之袭击，"鸦片战争"把它窒死于封建社会的母胎中。

从此以后，由于资本主义机器工业所制成的

大量的商品向中国农村之广泛的流入，给予中国刚刚登上历史舞台的布尔乔亚的工场手工业以致命打击。一方面加速了中国封建经济之解体的过程；另一方面又赋予中国新兴的布尔乔亚以买办的属性，使得中国新兴的布尔乔亚独立自由的发展成为不可能，而只能充任外国资本主义之代理人。所以中国民族布尔乔亚虽然相对地还是在发展着，但是在外国资本主义的压迫下却已完全改变其独立自由的性质，而走上殖民地化的过程。

在另一方面，资本主义在击败中国封建主义以后，为了在殖民地进行其"超经济的强制性"的剥削，又不能不利用殖民地原有之落后性，因而在这一意义上，反而对于中国的封建秩序之存续不能不予以支持。它并利用中国的封建势力去阻碍其自己的民族资本之发展，替外国资本主义在中国开辟其商品的销路。

因此在"鸦片战争"以后，到"七·七卢沟桥事变"以前，中国民族布尔乔亚，一方面受着外国资本主义的压迫；另一方面又受着国内封建势力的束缚，同时，封建势力与布尔乔亚在其对外国资本主义的关系上又同一地有其隶属性，所以中国现阶段的社会绝不是资本主义社会，而是半封建半殖民地的社会。我们不能因为在政治上保有形式上的独立性，而遂忽视作为这一政治的基础的经济之对资本主义的依存性与隶属性。何况政治上的"独立性"的形式也并不完整，如关税不能自主，领事裁判权、内河航行权以及内地的外国驻军权等之存在，这一切都从经济上的隶属反映为政治上的隶属，并且也反映到意识形态上，如许多买办阶级的代言人到处在歌颂资本主义的文化。

我们再进一步去看中国现在的生产方法，是否是资本主义的生产方法。大规模的工业都是外国布尔乔亚所经营；即使有少数量民族资本所经营的大工业，但在量的方面并没有取得支配的地位，而且大多数都还有外国资本的成分在内。一直到现在，工业并不能领导农业，城市并不能支配乡村；相反地，农业在中国整个生产部门中还是占重要的地位。

我们再从剥削关系上去看，一直到现在，作为主要剥削关系的不是资本家对工资劳动者，而是帝国主义通过封建地主和买办布尔乔亚之对于中国人民大众。中国的布尔乔亚只有依附于外国布尔乔亚之下才能取得其中介入的手续费。自然执行封建剥削的新兴的官僚布尔乔亚，现在也以其封建剥削之所得再投入国内或国外资本主义的经营中，而再从事于资本主义的剥削，但这就正是表现整个民族布尔乔亚殖民地化的过程之加深与扩大，以及半封建的社会特性之表现，而绝不是表现着中国民族资本向着独立自由发展的过程转化。

尤其在最近几年来，日本帝国主义对中国的侵略已经采取了暴力的形式，因而中国与日本帝国的矛盾，较之与其他资本帝国主义国家的矛盾成为突出的形势。在这一矛盾发展成为主导矛盾以后的今日，不但使中国对一切其他资本帝国主义国家的矛盾缓和下来，而且也使中国内在既存在的诸矛盾缓和下来。在"七·七"以后,由于日本法西斯盗匪对中国开始历史上未曾有之野蛮的侵略,这一侵略不仅威胁着整个中国人民——不管任何阶级——的生存权利,而且也威胁着其他资本帝国主义国家在中国既得的利益。因此,一方面在中国内部形成了空前未有的各党各派的大团结;另一方面,在国外资本主义国家,如英美法为了保障其在中国之既存利益,也希望中国对日本法西斯盗匪之独吞中国的企图予以相当的打击,并且一致地声援中国的抗战。尤其胜利的社会主义国家苏联以及全世界普罗列塔利亚,对中国的抗战表现着无上的热烈的拥护与援助。因此,这次抗战在中国史上的意义,便是执行民族解放的历史任务,使中国从半封建半殖民地的社会阶段之中解放出来,成为一个独立自由幸福的新中国;在世界史上的意义,便是执行反法西斯侵略主义,即保卫世界和平与人类文化的历史任务,使全世界被压抑的人类,跟着中华民族的解放而获得其独立自由与幸福。

现在我们的抗战已经十一个月了，在这十一个月中，由于在日本帝国主义对我国海岸封锁的特殊政治环境之下，已经使得一切资本帝国主义国家对中国的商品输入遭受障碍；同时中国的民族资本，在这一特殊条件之下已经开始其独立自由之发展。因而，反映到政治形态上，也在开始独立自主的过程，如只要不是敌人占领的区域，中国的中央政府便能行使着独立自主的权利。同时，也反映到意识形态上，如中国国民党临时全国代表大会宣言及中国共产党的宣言，以及其他党派的宣言，都表现着一致团结，共同致力于中华民族之解放斗争。自然也还有少数的民族败类，如亲日派、汉奸、国际间谍，他们企图阻碍中国解放斗争之进行，企图使中国解放斗争失败，从而在中国完全殖民地化的过程中向日本帝国主义一手承揽其拍卖整个民族的买卖。但这些民族败类迟早要在中国民族坚决的抗日战争中被粉碎的。所以说，中国近百年来是半封建半殖民地社会，现在——抗战以后，则正在开始走上独立自由与幸福的新中国的历史前程。

基于以上的说明，我们以为中国社会形势的发展与世界其他文化民族社会形势的发展，除了形式上有些差异，本质上绝不会有什么不同。固然我们不应该忽略，而且应该考察这种形式上的差异；但同时，我们却不应该夸大形式上的差异，而根本否认本质上历史的一般性。因为如果这样，不但把中国史与世界史对立起来，成为不能说明的东西；而且也就是从根本上否定了"史的一元论"。

照我们所知道的，世界其他文化民族所曾经经过的历史发展诸阶段，在本质上中国也曾经一样经过了的。如殷代以前，中国曾经存在过原始氏族制社会，殷代曾经存在过奴隶制社会，从西周到"鸦片战争"，中国历史都在封建制社会中发展着，而且在封建社会的末期，中国的布尔乔亚也曾经一样开始走上其自己的历史行程。所不同的只是在形式上有些差异，如中国殷代的奴隶制，没有发展到希腊罗马的奴隶制那样高度的典型的程度，而是表现为"亚细亚的"形态,即表现为希腊罗马的奴隶制而外的奴隶制的形态。中国从西周时代起即展开"初期的封建制",但从秦以后即转变为"专制的封建制",即转变为封建制之"东方的变种",而且一直继续到"鸦片战争"外国资本主义侵入以后才逐渐被分解。中国的布乔尔亚社会不是在历史上空白了这一阶段,而是正当它出生的时候便被外国资本主义把它绞杀于封建制社会的母胎内,使它不能独立自由地走上其自己的历史前程,在外国资本主义的侵袭之下,使得中国的历史被迫而转化为半封建半殖民地的前途。这从"鸦片战争"一直继续到"民族抗战"以前。

自从民族抗战开始以后,中国的历史又走上一个变革的过程,即由半封建半殖民地的社会开始向着独立自由与幸福的社会之转化的过程。中国历史的这一伟大的转化,直接是使中华民族跃入一个崭新的历史阶段;间接又成为转化世界史的一个动力。因此,我们这一次民族抗战是一个伟大无比的历史任务,它不仅改变中国史,而且也改变世界史。现在中国的人民已经坚决地在执行这一任务,我们深切地相信,这一任务必将在全世界前进人类的支持与声援之下,获得其最后的决定的历史的胜利,这一胜利之获得不是"历史的偶然",而是"历史的必然"。最后,我还要重复地说一句,人类创造历史,但不能完全依据其主观的意识自由地创造出来,而必须要以其主观的意识顺应着历史的必然,即客观的情势,才能创造出来。所以当着今日这样一个伟大的历史变革时代,我们为了改变历史,创造历史,争取有利的客观环境加强主观的创造作用是必要的,因而对于作为指导现实斗争的最高原理的历史哲学,也就有其重要性。